講談最前線

瀧口雅仁

彩流社

目　次

はじめに

講釈の本拠地であった上野の本牧亭が閉場して、30年が過ぎた。平成2年に寄席としての建物は無くなったが、その後も「本牧亭」という看板を掲げて、企画公演の他、湯島（池之端本牧亭）、黒門町と場所を移して定席公演を続けていた。だが、その「本牧亭」という名前を前面にうたっての興行も、平成23年の黒門町本牧亭の閉場をもって行われなくなった。言ってしまえば、東京にあった講談専門の寄席の歴史は、そこで途絶えてしまったのである。

私が初めて本牧亭に足を運んだのは、昭和58年頃であったと思う。当時、隔週で発売されていた雑誌『ぴあ』の巻末に演芸場のチケットのプレゼント応募券が付いており、鈴本演芸場や新宿末広亭の招待券を当てるのは難しかったが、本牧亭の名を書いて応募すると、かなりの確率……というより、9割方は当たったものだ。ただし、より魅力を感じるような公演や夜席の特別興行、更に土日などは使用できず、昼の部に開かれていた講談定席や義太夫の席などの公演で有効あった。

当時、中学に入るか入らなかった頃のことで、昼の部の、しかも講釈の公演に行くというのはかなりハードルが高かった。それでも、年とともに次第に高まってきた演芸欲に加えて、持ち前のケチ根性もあり、学校の休みの日などを狙っては、往復の電車賃と多少の小遣いを手にして、上野へと向かった。

ＪＲの御徒町駅を降りて、当時、土曜寄席を開いていた吉池デパートを左手に上野広小路の交差点へと向かう。その角にお江戸上野広小路亭はまだなく、鈴本演芸場の方面に横断歩道を渡る。しばらく進んだところにあったカメラ店と時計台のある日本交通公社の間の路地が本牧亭への目印。まさかそれから10年後に、後のＪＴＢに入社することになるとは思わなかった……。そのＪＴＢ上野支店も今は撤退。奥に続く路地を進むと、とんかつ武蔵野の前、今のパチンコ店のある場所に、その古めかしい建物が待っていた。

私が知っている本牧亭の建物は、戦後に復興してからの三代目に当たる。木戸で下足を預け、中央にあった階段を上がると、高座に向かって上手後方へと出る。反対側の下手中央に売店があったが、その頃は眺めるだけ。よく言われるところの、寝そべって聴いている人はいなかったが、壁に背を付けて、目を閉じ、時に煙草をふかして聴いている人はいた。そんな独特の雰囲気の中に10代の人間が入っていけば、ジロリという奇異な者を見る視線を感じたものだが、その目に遠慮しながら自分の据わる位置（壁際なんかには座れない）を見つける。そこで聴いた小金井芦州、神田ろ山、二代目神田山陽といった人の芸は、今でも思い出せる。正直言って、ハマりこそしなかったが、これが落語と並ぶ日本の舌耕なのかとは思ったものだ。

更に、その頃多かったラジオの演芸番組で、邑井貞吉、五代目宝井馬琴といった人の高座にも触れてはいたが、やはり、生の芸には敵わないなどとも思った。

時代はちょうど、女性(女流)講釈師が活躍しはじめていた頃でもあり、落語色物定席で講談を聴くこともできたので、折に触れて、講談という芸に触れてはいた。講談は常に程よい距離にあった。

それから約40年経った今、講談界がにわかに活気づいている。神田伯山を中心としたムーブメントに、その師匠である神田松鯉の人間国宝認定や、若き講釈師が連続物に取り組み、ネットもうまく活用して、活躍の場を広げている。講談がグッと身近な芸となってきた。

一方で、講談を聴く環境も異なりつつある。CDやDVDの売り上げが落ち、大手レーベルが商品を作ることには消極的になっているが、最近の配信サービスやダウンロード流行りで、過去の名人芸や現在活躍している講釈師の芸に触れることができるも、一方でまだまだ気軽に楽しめるという感じではない。

書籍に目を向ければ、落語や浪曲(浪花節)に関しては、芸人の書いた著作や入門書的な著が相次いで刊行されてはいるが、講談に関する著作は少ない。それこそ、講談社という、かつては講談速記本を刊行していた会社があるにも関わらずだ。講談を扱った本に焦点を合わせても、やはり人気者の神田伯山による著が話題になる位だろうか。

令和という新しい時代の幕開けの日に、個人的に向島に「墨亭」という寄席を開いた。演芸場の許可を取ったので、演芸スペースではなく、寄席と呼ばせてもらいたい。落語に講談に浪曲に、その他の日本の芸能を寄せ集める空間でもあることからも「寄席」でいいだろう。そのオープン時には神田春陽さんにお世話になり、今もお世話になっている。そしてそこから広がりを見せ、講談の会を多く開くようになった。そこで聴く講談は、毎回が新鮮に感じられ、出番前や終演後に耳にする四方山話が興味深くもあり、勉強になっている。

大阪では旭堂小南陵さんが、今流行りのＤＩＹで大阪市此花区に「此花千鳥亭」という寄席をオープンさせた。演芸場の資格を取るある種の苦心談を聞かせてもらったが、それは墨亭でも同じだった。そんな大阪に講談を聴くことのできる空間が生まれたのは大きい。ちなみに同じ年に開亭したので、勝手に同期と思っている。

今、久し振りに講談の魅力にとりつかれている。

これまた個人的な話になるが、今年(令和3年)50歳を迎えた。その半世紀を振り返ってきた時に、これまで聴いてきた講談であったり、講釈師に対する色々を書き残してみたくなった。演芸評論家、演芸研究家の肩書を担いながら、落語の著作ばかりで講談について書き残すことはそう多くはなかった。だからこそという思いもなくはない。オンタイムで聴いてきた講談に、資料から知り得た講談。そして今の講談に、これからの講談の姿といったことを思いつくままにあれこれ記してみたいと思う。

ただし、東京の講談界についてがほとんどであり、偏った見方や意見になる可能性があるのは承知で、反論や異論が出ることは覚悟の上だが、そこからまた各人の講談の魅力が引き出せればいいのではないかとも思っている。

〝講談最前線〟といった視点で講談の姿を書き進めていく。それが本書の目的であり、狙いである。

尚、本文内では「講談」「講釈」という表現が混在している。あまり差異なく用いていること。更に、講釈師の名前は原則、敬称略であること。加えて、手前味噌になる記述が多々あることを最初にお断りしておきたい。

講談最前線

1　今、本当に講談ブームなのか？

神田伯山を指して、「現代講談中興の祖」と呼んだ記事を見掛けたが、それはさすがに言い過ぎではないかと感じた。何も講談の流れは絶えていた訳ではないし、一龍斎貞鳳、田辺一鶴、そして神田山裕、三代目神田山陽による奮闘時代があったからだ。

ただし、伯山が松之丞時代から起こしたような講談ムーブメントは、私も記憶にある40年の講談史の間には見られなかったものであり、延いては大衆の目を講談界に向かせたという意味では、確かに稀代のものと言える。もしそれをブームと呼ぶのであれば、やはり講談界全体が今以上に注目されるようにならなければならないだろう。

では、ムーブメントをブームと呼び変えることができるのか。

テレビやラジオで多くのレギュラー番組を持ち、俳優やアイドル並みに雑誌やメディアでの露出をし続け、神田伯山の名の付く会のチケットは即完売。所属する日本講談協会の定席でも満員御礼が続いているのは事実だが、他の講釈師が同じような露出をしているかと言われれば、伯山人気に乗っかることはあっても、そこまでは行かず、今はまだ特定の個人に光が当たっているブームというような気がしてならない。つまり、今はあくまでも伯山ブームであり、講談界が動き始めている状況にあると言いたい。

　勿論、それを悪く言うつもりも、悪く取るつもりもない。伯山に注がれた目が徐々にではあるが講談界に広がりを見せているのも事実で、それがブームになっていけば面白い。だが一方で、日本人の性格からして、熱しやすく冷めやすいことが多いように、ブームもまた冷めるものなので、折角の起こったムーブメントが定着し、続いていけばいいと思っている。

　近年で言えば、15年前になるが、三代目神田山陽が講談ブームを起こすのではという動きがあった。春風亭昇太率いるSWA（創作話芸アソシエーション）に参加し、テレビ『にほんごであそぼ』にレギュラー出演し、神田北陽から三代目神田山陽の襲名があり、「神田山陽」という名前が注目された。

　新作で言えば、『レモン』『地球の栓』『鼠小僧とサンタクロース』。古典でも『安兵衛駆け付け』などの義士伝をリズミカルに読んでいた。さてこれからどう進んでいくのかといったところで、SWAからの脱退と北海道への移住。山陽がある種の表舞台から消えたあとは、しばらくは実力派女性講釈師の活躍が講談界を支え、今回のムーブメントはそれ以来となると言えよう。

　大ベテランの神田愛山が、伯山の功績は講釈界に男性講釈師が存在することを再認識させたことであると指摘しているが、確かにその通りで、また、師匠の神田松鯉や一門の阿久鯉といった講釈師を、YouTubeで発信する「伯山ティービー」で、また、他の芸人との関係性や講釈そのものを配信する機会を作ったことは大きい。更に、なかなか内情の見えにくい講談の世界や修業の姿を久世番子著のマンガ『ひらばのひと』の監修で紹介したりと、そうした意味でも、昨今「講談ムーブメント」は到来している。

こうなるとあとは誰が続くのか。メディアを席巻する人がもう一人か二人現れて、伯山と誰それという状況が生まれ、かつ興行ではその二人が出て、確かな芸を披露することができれば、ムーブメントが人気の定着につながるはずだ。

今、講談の会には多くの人が集まっている。正直なところを記せば、こんなに聴きに来る人がいるのかという感じさえ抱いている。繰り返しになるが、ブームはいつかは冷める。となれば、このムーブメントが講談という芸を見守る目に移っていく方がいいのかも知れない。

講談は確かに、今、面白い。

2　神田伯山は釈場を復活させるのか

昨今の講談人気に火をつけた立役者である神田伯山は、常々釈場を復活させたいと口にしている。釈場とは「講釈場」。講釈専門の寄席であり、延いては年中無休の定席を意味している。先にも記した講談には近年まで本牧亭という釈場があった。芸人にとって、寄席は修業の場であると言われることが多いが、江戸東京において、特に落語や講談は、その寄席という空間で芸と芸人が育てられてきた。

現在、寄席のワリ(出演料)だけで生活できている人は多くはないが、それでも寄席に出演したいという声を耳にするのは、先人達もまたそこで修業をし、芸を遺してきた場であり、芸の原点がある場であり、それを感じることのできる空間であるからだろう。

また、芸人側からすれば、楽屋がまた大事なのだ。前座としての修業期間は、原則、毎日寄席の楽屋で修業をする訳だが、寄席の進行や出演者の身の回りの世話、つまり楽屋働きをしながら、芸を身につけていく。話の稽古は何も相対稽古ばかりでなく、楽屋で働きながらの捨て耳でも身についていくもので、更に言うならば、そうして身に染み込んでいくものであり、また、楽屋で交わされる会話に耳を澄ますのも大切なことになる。芸人にとって寄席が大事と言うのにはそうした理由があるのだ。

先日、ある中堅真打と話していた時に、「私は小さいながらも池之端の本牧亭で修業の経験があります。あの楽屋の空気感を体感するのも修業の一つなんです。今の若手にも、ああした楽屋修業を味わわせたい。どんなにいい講談の会でも寄席の楽屋とはやっぱり違うんです」と話していたのが印象に残った。

人間国宝であった一龍斎貞水も神田伯山を相手に、

仲間うちどころか、楽屋全体で常に他の人の高座を気にしてた。今は楽屋ったたって高座から離れていることが多いし、高座の様子も聴こえてこない。で、楽屋でも何をしてるかわからない。（中略）

その頃の本牧亭は、まず高座があって、高座の羽目戸からうしろに部屋がひとつあって、その部屋の真ん中に敷居があって、さらにその先にもう一部屋と、物干しがあった。物干しの手前あたりの場所に幹部連がいて、俺たち前座は、幹部連がいる部屋と敷居で分けられた高座に近い場所にいる。そこにいれば、楽屋の様子に目配りもできるし、高座の声も聴くことができる。隙間から客席を見ていると、高座でこういう喋り方をしてるときは客がどんなふうに聴いてるかとか、何か滑稽を振ったときにどういうふうにウケてたかということがよくわかった。

そんな俺たちの様子を先輩方は見ていて、「あ、こいつは高座を聴いてるな」というときには声をかけてこない。「たいした高座やってねえな。下らねえこと言ってるな」というようなときには「おい、あんちゃんちょっと」「何すか」「お茶淹れてくれ」「わかりました」って。

そういうところも全部芸人なんだよね。お茶を淹れるといった用事をいつ頼んだらいいか、いつ声をかけたらいいかってことがわかる。俺たちも、楽屋の用事をしながら、先生方の様子を見ながら、客席の様子をうかがいながらってことが全部できる。それが楽屋なんだよ。

（『神田松之丞　講談入門』河出書房新社）

というコメントを残している。

今、東京に講談の寄席ができるとしたら一つ思うことがある。言わずもがなではあるが、講談協会(現・宝井琴梅会長)と日本講談協会(現・神田紅会長)の混成による場にするということだ。今で言えば、松鯉・琴梅、琴桜・紅、織音・阿久鯉、伯山・貞橘といった顔ぶれが見られる番組で、一公演7〜8高座、10日間連日同じ顔ぶれが見られるというのは楽しいと思う。よくある講談の会とは異なるので、出番によっては20分程度の短尺での演目も必要であるし、持ち時間がちょっと延びてしまった時には、次の演者が調整するというのも寄席の醍醐味であり、それが両協会の講釈師で行われるところを見たい。

誤解を恐れずに記すならば、昨今の両協会の顔ぶれのマンネリ化を防ぐことも一旦は解消できる。日本講談協会だけに言えば、神田派以外との交流を図ることで、勿論、お家芸はお家芸として守るべきだが、他流派の演目でのぶつかり合いが新たな化学反応を起こすはずだ。

と記していたら、令和3年10月14日から、場所は講談とは切っても切れない高輪泉岳寺で、両協会主催による「泉岳寺講談会」が始まった。当初は9月始まりであったが、新型コロナウイルスの感染拡大防止もあって、一カ月開催が延びた。初回は若手・中堅中心で、神田阿久鯉、一龍斎貞寿、宝井梅湯、神田真紅。毎月14日の開催で、定席ではないが、両協会主催という意味合いが大きい。

また、若手主導でも、最近では一龍斎貞橘が主催する「木馬亭講談会」は日本講談協会の若手も加え、会場も浪曲が楽しめる木馬亭といった寄席らしい雰囲気の中で講談の競演が楽しめる会であり、そうした会が今の講談界の起爆剤になればいいと思う。

ただし、両協会が積極的に合併すべきだと言っているのではない。そこにはややこしい案件もあるだろう。会派は二つに分かれていて、それぞれに活動の場は設けていたとしても、定席ができた時にあえて分かれてではなく、一つにまとまっての番組も構成できるだろうということである。右記したような、少しずつではあるが、講談界に動きが見え始めてきている。

その中で、やはり神田伯山の存在は大きい。講談界を盛り上げている功績は多くの人が認めるところであり、それを受けて大同団結させる力を持っている人でもある。大きなお世話かも知れないが、寄席を立ち上げる資金力も持ち合わせているだろうし、伯山の行動力からすれば一本化した寄席興行が可能になるのではないかとも思う。

伯山はかつてその著で、芸協の手助けを得て、色物も入った講談色物席としての夢を語ったが、あえて講談だけでもいいのではないだろうか。講談の濃密な世界にどっぷり浸かりたいという人もいれば、初心者には色物がいた方がという意見があるのもわからないでもない。私もまた、落語にハマったきっかけの一つに、幼い頃に寄席で観た漫才や曲芸、紙切りといった芸に触れたことがあり、そこから落語の面白さにつながっていったという思い出があるからだ。

ただし、だ。昨今の社会の動きを見ていると、同時にハードとしての寄席のあり方も考えて行かねばならない時代なのかも知れない。ネット配信を意識した方が、これからの時代は一つの芸を広めていく力があるとも考えられる。空間的にも、寄席を開き、そこにやって来る人だけを相手にするのではなく、自らが発信し、それを日本ばかりでなく、世界に見せていくという手法も、これからの時代の文化のあり方とも言えるからだ。

伯山はコロナ禍にあって、早くから「伯山ティービー」を立ち上げ、講談の高座を無料のものを含めて配信し続けてきた。また、自身の真打昇進披露興行を舞台裏も含めて迫ってみせたのには、多くの寄席ファンばかりでなく、それまで講談や寄席の世界を知らなかった人をも夢中にさせた。更に、一門や講談協会の大真打との高座を収録し、それもまた無料で公開を行なった番組の凄さは、構成力と映像力を駆使したための演出力の高さにもよるが、ネット界に求められる「ドキュメント」を開示する強さと、その内容の広さと深さを改めて世に知らしめた点でも大きい。講談という世界に寄席という世界は、こういう場であるというノンフィクションを見せ得た点だ。

講釈は歴史上に実際あったことを含めて、物語を庶民に講釈する芸が起こりである。となれば、釈台を前に張り扇をピシリ！ではなく、映像で今の世を映し、描いて見せ、タイムラグ無くその芸を味わうことができる、現代の寄席的な空間をネット上で繰り広げたのが「伯山ティービー」の意義であり、改めて釈場を用意しなくとも、ネット上で再現できることを証明して見せた感もなくはない。先に記したような、そして貞水も述べていたような釈場の魅力、特に演者としての魅力でもある楽屋も、本来、観客に見せる場ではないが、ファンの獲得といった意味合いや、ネット配信の魅力がドキュメントを伝えていくという点にあるとすれば、ネット上で効果的に用意でき、そこで見せればいいということにもなる。

2021年に入ってから、雑誌「週刊金曜日」の特集で、神田伯山は田辺銀冶を相手にこんなことを述べた。

伯山 (前略)あと銀冶姉さんもそうだと思いますが、講釈場を持ちたいというのはみんなの悲願ですよね。ただ、それも30年、40年後の話かと。
銀冶 そんな先? 伯山先生の勢いで3、4年後にはつくってもらわないと(笑)。
伯山 講談師の数がいないから難しい。講談協会と、うちの協会も合わせても60~70人くらいですよね。それだと会が回らないから。150人から200人くらい講釈師が東京だけでいるようになったら、ようやく毎日できるかなあと思います。

この「150人から200人くらい講釈師が東京だけでいるようになったら」という分析。確かに売れっ子芸人が毎日出られる訳ではなく、また毎日開くとなれば、休演と代演の必要性もある。寄席興行のそうした諸々を考えた時に、今だと人が足りないということなのだろう。寄席を開けば経営といった問題もあり、赤字を抱えていては続いてはいかない。そのためにはという思いが見えなくもない。そのためには講談だけではない、落語や諸芸の助力も必要になってくるという意見につながってくるのだろう。
「伯山ティービー」に目を通すと、お江戸日本橋亭やお江戸上野広小路亭などを運営している永谷商事の応援もいずれは大きな力になりそうな気配もある。

今はその前段階にあり、ネットで寄席を作り上げることができている訳だが、とは言え、寄席という空間の必要性は繰り返す通りであり、今後、知恵者でもある伯山がどんな風に動いていくのか。そういう視点からも釈場の動きに注目していきたい。

3 最初に聴くなら何がいいのか、そして誰がいいのか

よく「最初に講談を聴くとしたら、何がおススメですか」と尋ねられるが、その回答がなかなか難しい。

歌舞伎や芝居であれば、作品があって、そのおススメの演目の鑑賞といったものを挙げることはできるが、落語や講談は演目で聴きに行けるものではない。「ああ、今日は『饅頭怖い』を聴きたいなあ」と思っても、ホール落語などでネタ出しされている場合ならまだしも、その演目を狙って寄席や落語会に行くという訳には行かない。

そうなると、CDやDVDでとなるが、これまたおススメできる程の数が発売されておらず、仮にあったとしても過去の名人の物が多いので、敷居が高く感じられてしまう可能性もある。また、

例えば、講釈の醍醐味が連続物にあるとしても、『三方ヶ原軍記』は読み手の勉強にはなっても、初心者のファンには分かりにくい。軍記物にしても同じで、余程の歴史好きか、昨今、流行りの歴女に勧めるなら話は別にはなってくるとう思いもある。

そもそも初めて聴く人に「誰それを聴いてごらん」と言うのも、もしそれが的を外すことになったらどうしようとか、余計なことを考えてしまい、健康に悪い。

とは言え、初めて講談を聴こうという人に勧められる聴き方があるので、三点紹介する。

①落語色物定席に講釈師が出ていることを確認し、まずは寄席で聴く

都内に4軒ある落語色物定席(鈴本演芸場・新宿末広亭・浅草演芸ホール・池袋演芸場)には、講釈師が顔付けされることも多い。しかも寄席の一人あたりの持ち時間は15分前後であり、初めから大作を聴きに行くのは骨が折れるかも知れないので、気軽に聴くことができるのがいい。

長い筋や複雑な人間関係によるストーリー物、厄介な歴史用語の連発される話は、下手をすると苦手意識ばかりを植え付けられてしまう可能性もある。

その点、寄席での話は簡潔にまとめられたものや、いわゆる長い話の抜き読み(名場面を抽出した読み)も多い。また、硬い読み物よりも、『徂徠豆腐』や『お富与三郎』といった、落語で言えば長屋を舞台にした人情噺であったり、武士や武芸者が登場しても、『海賊退治』や『宮本武蔵・鍋蓋試合』といった、どちらかというと、その滑稽な姿が描かれる作品が多い。

会話で進められる落語と、演者の地の語り進められる講釈の違いも味わえ、その楽しさを知ったら、次に講談の会や講談の定席に足を運ぶのもいい。

②女性講釈師の高座に接する

これは①とも関係してくる点でもあるが、寄席を中心に、他の講談会などでも女性講釈師の高座から入るのもおススメだ。女性だから優しい、女性だから易しいというのではなく、語学でもなんでもそうだが、女性の声は耳や頭に入りやすくて安心感を覚えられることが多いからだ。

また、近年、武芸物や連続物に積極的に臨む女性講釈師も増えてきてはいるが、まだ男性に比べれば、新作を含めた世話物(市井に生きる庶民の姿を描いた作品)が多いので、これまたその世界に入りやすい。

先に挙げた寄席であれば、落語芸術協会には二代目神田山陽門下の女性講釈師(陽子・紫・紅・阿久鯉・蘭など)が多く所属している。『春日局』『秋色桜』『那須与一扇の的』に、『カルメン』といった外国を舞台にした作品に、夏になれば趣向を凝らした怪談も楽しめる。

お気に入りを見つけられれば、更に聴きたくなるというのも自然の摂理で、聴き込んでいったり、またそこから聴き手としての裾野を広げていくのもいい。

③やっぱり神田伯山の高座を楽しむ

やはり今、一番の人気者と言える神田伯山の高座から入るのもいい。

メディアでは「最もチケットの取りにくい講釈師」といったキャッチフレーズも目にするが、それは他のジャンルにも言えることだが、それだけみんなが注目しているからこその結果であり、だからこそ、一度見てみる価値があるというものである。

何しろテレビやラジオでその顔や声を知っていれば、普段慣れない高座を前にしても安心感がある。独演会であれば3～4席演じることもあり、自分に向かない話に出会ったとしても、他の話に引き込まれるといったこともある。講談初心者も気軽に楽しめ、聴き巧者をも納得させる高座はお墨付きであり、そうした意味では、オールマイティであることは間違いない。

伯山を聴いたら、次は師匠であり人間国宝の神田松鯉。そして一門から他の講釈師へと、聴き方を広げていけば、講釈の楽しさも比例していくはずだ。

勿論、好みは人によって分かれるので、色々な楽しみ方があって然るべきだが、もし、迷っていたとしたら、また、周辺で迷っている人がいたら、入門編として、①～③を参考にしてみるのはいかがだろうか。

4　講談と落語との違いとは

講談によく似た芸に落語がある。いや、その逆か。落語に似た芸に講談があるとした方が、一般には通りがいいだろうか。

ともに着物を身に着け、座布団に座り、扇子と手拭いを持って話をする。見た目の違いは膝前に釈台を置くか置かないかにあるとする資料等も見掛けるが、そうすると素人目の一見では、見台と膝隠しを用いる上方落語との区別もつかなくなる。小拍子を用いる講釈師もいるが、上方落語でも用いることがあるからややこしい。

落語では用いないが、講釈で用いるというものを挙げるとすれば、やはり張り扇であろうか。そうなると講談と落語の違いは「張り扇」の有る無しだけになってしまう。勿論、伝統芸は外見だけで判断するべきではないので、具体的な芸の中身で判断していくべきであろう。見た目だけなら、能と狂言だって、見たことがない人に区別して説明するのはなかなか難しい。

今をときめく神田伯山が、その大きな違いを語りの違いとすることがある。落語は人物の会話などをメインにしており、講談は演者による地の語りをメインにするといった風にだ。

例えばこんな感じである。

小雨が降り続くある日の昼下がり。長屋の路地に入ってきた一人の男が、我が身に掛かる雨の雫を払いながら、大工熊と書いてある戸を開けて入る。「誰かいるか」と声を掛けると、暗い部屋の片隅で何かが動く音がして、そこから大柄な男が顔を突き出し「ここだよ」と返してくる……。

下手な描写で失礼するが、物語はあくまでも、演者による説明調の描写で進められていく。つまり演者の読みの味わいを楽しむのが講談である。これが落語になると、

八五郎が長屋の路地へ入って来ると、戸をガラッと開けて「熊、いるかい?」「おぅ、どうした。八じゃねぇか。何かあったのか」「いや、近くまで来たから、寄ってみたまでよ」……。

と、会話がメインとなる。

講談は演者による描写力、落語は登場人物の息する様を楽しむとしてもいいだろう。ただし、大きな括りとしてはそれでも良いだろうが、講談でも、特に世話物になると、登場人物の会話で進められるものがある。かつては「世話講談」という、別ジャンルとみなされる作品もあった訳で、例

えば侠客物であっても、登場人物達の言動がメインになることがあり、その分け方では心もとなくもある。

形式だけで言えば、世話物を得意にした六代目神田伯龍は、張り扇を用いることなく、そっと手を膝の上にのせて釈台を前に読み進めた。

これが講談をこよなく愛した立川談志の分析となると、「忠臣蔵」であれば（講談では「義士伝」と呼ぶが）、講談は苦労の上に討ち入りという大願を果たした四十七士の生き方が題材になるが、実際には、途中で逃げ出したり、嫌になってしまった人物もいるはずである。落語はそうしたいかにも人間らしい部分に光を当てた、人間の業を肯定したものということになる。

確かに分かりやすく、一種の人生哲学とも言える視点であると思うが、これまた講談には、神田愛山が読む吉良方の人物の生き方を描いた『吉良誠忠録』といった読み物もある。義士は大石側ばかりでなく、吉良側にもいたはずだという視点である。また、『小山田庄左衛門』のように、最後の最後で討ち入りに参加できない者も描かれる。

『清水次郎長伝』といった侠客伝などでも、次郎長をはじめとした、実は調子だけは桁外れによく、何にでも飛びついていくがために、滑稽な行動を取る人物も登場するが、そういう作品であっても、あくまでもメインは斬った張ったに命を賭けた任侠の世界が描かれる。

内容的な違いを更に付加するなら、講談の原点たるべき、御記録読みであったことを挙げるべきであろうか。つまり、聴く人に合わせて歴史を読み、講釈していく点だ。確かに落語には「地噺」

と呼ばれる、演者の語りをメインに進めていく話もあるが、落語の原点は落とし噺にあるように、滑稽さが軸にあり、地噺はそこから表われたジャンルの一つと言える。その際のポイントは歴史を語る点にありながらも、それをいかに面白おかしく聴かせていくかにある訳で、演者の解釈の仕方が講談とは異なって来る。

ここは談志家元の分析する、史実の良い面、悪い面と、人物の業を描いているかどうか。そして歴史や物語をどう解釈するかという点に違いがよく表われてくるとしてもいいのではないだろうか。

最近では、落語に移された、または落語家が講釈ネタを演じる機会も増えてきた。

前者であれば『徂徠豆腐』に『匙加減(人情匙加減)』『名刀捨丸(善悪双葉の松)』といった演目も東西で聴くことができるようになった。桂夏丸が『正直車夫』を人情噺風に直して演じたのを聴いたこともある。

後者であれば、立川談志が演じていた『小猿七之助』が代表と言えようか。五代目神田伯龍のSPレコードを聴いて、それに惚れ込み、持ちネタにしたことが知られるが、伯龍リスペクトの意味合いもあり、いじることなく、世話講談の読み方のままに語り、話の中に流れる世界を大切にしてきた。談志亡き後、立川談春が継承している。

講釈から移された話が、落語になった時、どんな噺となっているのか。また、講釈由来の噺と知った時に、講談ではどのように読まれているのか。その聴き比べをしてみるのも面白いかと思う。

5　張り扇と釈台の姿

東京に二つある協会の一つ、講談協会が発行している機関誌の名前は「パパン」。言わずと知れた、講釈師が張り扇で釈台を叩く音がその名の由来である。「ハリセン」ではなく「張《は》り扇《おうぎ》」。ハリセンとなると、かつて大阪の芸人チャンバラトリオがバシバシと仲間を叩いていたあれで、講釈の方はあくまでも「張り扇」。よくマクラで〈講釈師扇で嘘を叩き出し〉〈講釈師つかえた時に三つ打ち〉とたとえられるが、実際には場面転換や調子を整える時に叩くものである。

その張り扇、よく見ると、講釈師によって形状が異なるのは、原則、講釈師自身が自分に合ったものを製作するものだからである。ここで「原則」としたのは、仲間に頼む人もいるからで、市販されている張り扇の製作元が異なっているからという訳ではない。そもそも販売されていない。長さ、厚さ、重さに、持ち手も異なるので、釈台を叩く時の音も異なってくる。釈台を叩く時の表現を「パン！」とたとえる表現をよく目にするが、個人的には「ピシリ！」という擬音が理想である。それは講釈師を「先生」と呼び、歴史物やそれに対する解釈が読まれることも多いだけに、ピシリと聴き手の心までを打ち、時にその描写力の素晴らしさが故に、心を打ちぬく音であるかのように聞こえると、講釈を聴いている心地良さが生まれるからである。

そして、その釈台も様々である。やはり板がいいと音が異なる。形や色や見た目が良くても、天板を含めて板がいいと、張り扇で叩き出す音が異なるのだ。

ちなみに、今、墨亭で使用しているのは、いわゆる書見台で、釈台とは異なる。以前に神田松鯉に扱ってもらい、大きな問題は特にないと言われたので、それを使ってはいるが、やはり天板が薄いのか、ピシリという音を叩き出すには程遠い。ベン！という音が、どこか心もとなく感じることがあり、早く良い釈台を用意せねばと常々思っている(現在、発注中。２０２1年12月完成予定)。

その板はケヤキやサルスベリなどがいいらしい。最近では別項で記す「木馬亭講談会」で使用していた釈台の音が実に良く、聴いていて気持ちが良い。まさにピシリ！という音がするのだ。元々、本牧亭にあったものを、その閉場時に一龍斎貞水が引き取ったもので、愛弟子の貞橘が会に持ち込んだものだが、その釈台を用いた出演者にしても、宝井琴調は「懐かしいですね」と口にし、一度叩いてみての感触を得た時にふと見せた満足気な表情も忘れられず、また、宝井梅湯が前座時代にその釈台を使い、『三方ヶ原軍記』ばかりを読んでいたからと、その日もまた何かを思い出すようにピシリ！と釈台を叩き、凛として『三方ヶ原』を読んで見せたのも、釈台が力を与えた結果とも言えるだろう。

その日の感想を、後日、梅湯に尋ねたところ、やはり板が違うとのことだった。そして、実は正面から見ると、気付かない程度の傾斜があり、中央が盛り上がるようなかまぼこ型に板が設えられているという。それは軍談物を読む場合に、台本を上に置き、本がめくりやすいような仕掛けになっている訳で、機能に準じた〝仕事〟がされている訳だ。

その梅湯がコロナ禍で、ネットの中で活動していたのが、張り扇を作りますというものであった。今、比較的多いのは、竹ひごを削って、張り扇の芯を作り、それに西ノ内紙という和紙を巻いていくというものだが、梅湯の場合は竹そのものを入手し、そこから芯を作っていくというものだけに、その竹を削る作業が大変だと話していた。紙は水や油に強く、使っている間に手に馴染んでくる西ノ内紙。この作り方の加減によって、形状も異なり、そして実際に叩く時の音も異なって来る。まさに講釈師が魂を入れる作業……などと記したら大袈裟であろうか。

人間国宝であった一龍斎貞水は「張り扇もしゃべる」という言葉を残した。ただバシバシと叩けばいいものではなく、叩くのにも呼吸が必要であるということだろう。

やはり、いい釈台にいい張り扇で叩き出す講談は心地良い。

6　貞水、松鯉に続く人間国宝は出るのか

人間国宝という言葉を耳にすることがあるが、正式には「重要無形文化財保持者」であり、「人

現在、講釈界にただ一人の人間国宝・神田松鯉

間国宝」という呼び方は、いわば通称である。

昭和25年に文化財保護法で定められた、建造物や絵画などの有形文化財とともに、演劇や音楽、工芸技術等といった無形の「わざ」が、「無形文化財」としてその保存と活用の対象とされた経緯をもつ。そして、歴史上または芸術上、価値が高い無形文化財の中でも、特に重要な技を「重要無形文化財」として指定し、それを体得し、かつ体現している人を「保持者」として認定したものが「人間国宝」であり、保持者には一定の助成がなされている。

大衆芸能のジャンルであれば、平成7年（1995）に五代目柳家小さんが落語界で初めての人間国宝に認定され、翌8年には上方落語から桂米朝が認定。平成26年（2014）には、落語界では三人目の認定となる十代目柳家小三治がいた。

講談界で最初に認定されたのは一龍斎貞水で、平成14年（2002）のことだった。

昭和14年に東京は文京区の湯島天神男坂下に生まれ、高校入学と同時に五代目一龍斎貞丈に入門。

古老であった四代目邑井貞吉や、安藤鶴夫の『巷談本牧亭』で知られた桃川燕雄に、木偶坊伯鱗の薫陶を受け、27歳で真打。昭和50年には『鉢の木』で文化庁芸術祭優秀賞を受賞。そうした先輩からの教えばかりでなく、古い速記から起こした長編講談の復活に、若い人たちに講談を分かりやすく伝えるために、照明や道具、音楽を取り入れた立体講談。更に速記やレコードなどと、本格的な講談の姿を様々な形で後世に伝え、今となってはそれを遺したことは大き過ぎる。講談を知らずとも、一龍斎貞水を知っている人は多いのではないだろうか。

三代目神田松鯉が講談界二人目の人間国宝に認定されたのは2019年であったが、講談という人数も少ない世界の中で、二人目が認定された時には驚いたのとともに、認定されてもっとだと思った。

長編連続物の復活や継承、そして後進の指導という点が大きな理由であるが、今も日本講談協会の定席に上がり、また落語芸術協会の会員として毎日のように寄席の高座を務め、聴き手に合わせて硬軟自在の講談を読み聞かせてくれる点も認定の理由に挙げられよう。持ちネタの数も500を超えるということで、今からでも全部聴いてみたいというのは、やはり贅沢な思いであろうか。

貞水にしても松鯉にしても、講談の優れた体現者として認定された訳だが、国が「講談」を重要無形文化財に指定したこと。そしてその高度な体現者として、二人が重要無形文化財である「講談」の保持者となったことは大きい。何しろ講談という芸が日本文化の中に欠かせない「わざ」であることが認められたからだ。そんなのは当たり前だと思う人も多いだろうが、国に何かを認めさせるのは、やはり大変なことである。

そう考えた時に、貞水、松鯉に続く人間国宝が出るのか。

その時の認定委員の判断等にもよるが、読み継がれてきた講談を自身の芸として昇華し、後世にそれらを伝えられることができるという前提条件があることは否めないだろう。私はそこに寄席や定席という、より多くの人が芸を享受できる場に出演しているという条件が加わってもいいと思っている。高度な芸は多くのファンとともに後進に見せることも大切だと思うのだ。

今、年齢的にも芸歴的にも、そこに挙がる講釈師の名前は少なくない。釈場の様子や姿を知っていて、古い講談の形を知り、以前に比べて縮小されてはいるが、定席に今も出演し続けている講釈師がふさわしい。

神田愛山は同門の兄弟子に松鯉がいるが、タイプも異なり、また侠客伝や独自の新作等を演じ、自らを「講談界の秘宝」と呼ぶこともあるが、秘宝が国宝に転じてもいい。多くの若手が頼りにし、これまで体得してきた芸を次世代に伝え得る点で評価は高い。

好敵手の宝井琴調は落語協会の定席にも顔を連ね、わかりやすい講釈を読む一方で、講談の席では古典の他にも、作者のいる文芸講談も読み、活動の意義は大きい。愛山同様に若手の稽古代にもなっている。

女性ではやはり女性講釈の道を切り拓き、今日、更に注目されるべき、女性や弱者の生きる社会などに目を向ける講談を読み続ける宝井琴桜が認定されてもおかしくはない。

お前の個人的な好みを記すな！という声も聞こえてきそうだが、先にも記したように、他にも名を挙げるべき講釈師はいる。独自の芸を進化から深化させ、後世に至芸を伝える講釈師が人間国宝となり、講談の世界がますます注目され、その中で確かな形での講談と存在感を示し得る講釈師が認定されればいい。そうした意味でも貞水、松鯉に続く人間国宝が出ればいいと思っている。

7　2020年墓銘録

一年の内に芸人が何人も鬼籍に入ってしまう「厄年」がある。近年の講談界においては、令和二年（2020）がその年であったと言えるのではないだろうか。

年末に神田翠月、一龍斎貞水が亡くなったことはニュースや情報紙、SNSなどでも話題になったが、春頃にもう一人、神田照山も彼岸へと渡ってしまった。

私が初めてその高座を見た時には、既におじさん風であったが、武芸物・歴史物というより、現代の政治や日本の近代史を題材にして斬り込んでいく話が多かった。

二代目神田山陽の弟子で、香盤としては松鯉と愛山の間にある。国民学校6年の時に、長崎で被爆したこともあって、社会風刺や政治風刺に関する話が多かったとすればよいだろうか。

時の政権『小渕恵三物語』に、戦争物としては『東京裁判』、私が今暮らす墨田区の『噫横川国民学校』といった新作も聴いたことがある。他にも『二・二六事件』や『田中角栄』『自民党を作った男三木武夫』。手元にある本牧亭の楽屋帳を見ると、『星亭』なども手掛けたことがわかり、松林伯圓にはじまり、伊藤痴遊なども演じた世相や政治批判といった、講釈の原点たるべき姿勢を持ち、世を読み出だす講釈を読み続けた。

照山が亡くなったことは複数のソースからで、2008年いっぱいで所属していた講談協会を退会している上に、引っ越し魔であったために行方がつかめなかった。今も釈台を叩いていれば、このコロナの現状をどう読んでいったのか。そんなことを考えさせられる講釈師であった。誰か、そうした照山路線を継承する講釈師はいないものか。

同門の神田翠月(12月2日没)は女性講釈師の先駆けであった。同じ頃に、やはり同じ師匠である田辺一鶴に入門した宝井琴桜とはまた異なったタイプで講談界を牽引し続けた。上京してからは歌手を目指していたが、いわゆる営業先で一鶴と出会い、講釈師に転向。女性でありながら男性の視線を持ち(といった表現が今の世に適切かどうかは別として)、男性のような読み口を基本とし、活舌もよく、テンポを刻みながら啖呵も切れる。声は中音ではあるが、人物描写をする際にも声色使いにはならず、男性の声と女性の声の両方を自然に、なすがままに出せるのが強みであり、魅力でもあった。

良く聴いたのは『お富与三郎』の「玄冶店」。迫力ある口調だけに、お富の家を訪ねる与三郎のセリフの切れ味も良かったが、それに応対するお富にも艶気が感じられながらも、堂々と与三郎の相手をしてみせる。そんな女性講釈師の手本となる高座であり、翠月十八番を選ぶとすれば、やはりこの演目を挙げることになるだろう。

他には『三味線やくざ』に、長谷川伸の名作『瞼の母』。後添えで入った家にいる息子に愛を注ぐ母の姿を描いた『母の慈愛』。歌舞伎で言えば『籠釣瓶花街酔醒《かごつるべさとのえいざめ》』で知られる『吉原百人斬』の内『戸田川お紺』。これは『お紺殺し』という別名もあり、落語では八代目林家正蔵（彦六）が演じた『戸田の渡し』で、佐野次郎兵衛の外には見せぬ悪人心と、次郎兵衛に恨みを抱え、意志の強さを見せるも、次郎兵衛に投げ掛けられる優しい言葉にほだされてしまう女性の弱々しさを同時に描く姿が印象的であった。

などというと、いかにも男性的な人物像のようであるが、針を持たせれば右に出る者はという人で、自分の着物も縫っていたという女性らしさ（といったら、これまた今の時代、語弊があるだろうか）を持った講釈師であったという。

ほぼ同期と言える宝井琴桜が、近代日本における女性の地位向上であったり、日本社会における輝いた女性の姿を描いたことと対であり、やはり演目的には男性色の濃い話を女性講釈師がどう臨んでいくかという道を作ったことは間違いないだろう。そうした女性講釈師第一号であり、パイオニアの一人あることも間違いない。その多くのネタは神田織音、神田菫花といった女性講釈師や、男性では田ノ中星之助が引き継いでいる。

後年は講談界初の人間国宝という冠を付せられた一龍斎貞水は、多くの人が証言を残すように、高座を下りれば洒脱な人であった。冗談を軽く交えながらも、一方で古き講釈の時代の話をする時には目を輝かせ、これから演じる演題については熱く語る。学生服を着て釈場へ通ったという位であるから、ある種、生粋の講釈師でもあった。

メディアに出ると夏の怪談のイメージがやはり強かったのか、自作の電飾を仕込んだ釈台を操作しながらの『真景累ケ淵』や『江島屋怪談』。独演会や国立演芸場の高座等では、墓場風景を模した道具を使用して演じていたが、素の話だけでも迫力充分であり、かえって道具があると、聴き手の想像力が……という思いもなくはなかった。勿論、怪談ばかりでなく、明治の香りを残す先人の桃川燕雄や木偶坊伯鱗から教わった連続物も良かったし、冬場になれば、一龍斎のお家芸たる義士伝を圧倒的な読みで聞かせてくれた。

個人的な思い出になるが、以前、「特選落語会」という会を企画、運営していた際に、トリで赤穂義士伝の内『三村の薪割り』を演じてもらったことがある。義士伝は別れの物語であると言われることがあるが、別れのテーマだけに引っ張られることなく、一見論理的でありながらも、決して論理ばかりで押し進められることのない、人の情愛に迫る読みに感動した。

ところが、一席読み終えた後に、「今日はあまり出来が良くなかった。（高座袖に向かって）時間はあるの？」と尋ね、討ち入りを果たした義士伝の名を挙げる『二度目の清書』を抜き読みで聞かせてくれた。勿論、出来が良くなかったというのは謙遜で、また持ち時間の穴埋めでもなく、昔の講釈場では、トリは修羅場か武芸物を読んで終わるという、最近ではどこか忘れられかけている講釈の基本を見せてくれたのだと勝手に思っている。

また、ある年の正月初席で聴いた『大島屋騒動』の話のスケールの大きさと広さに、年始早々にその年のベスト高座を感じてしまった点。端物と言ってよいものか、トリ以外で聴く『鋳掛松』に『王将』などを丁寧に、そして所々に笑いを挟みながら読み進める様は、まさに硬軟自在の稀代の読み手であった。

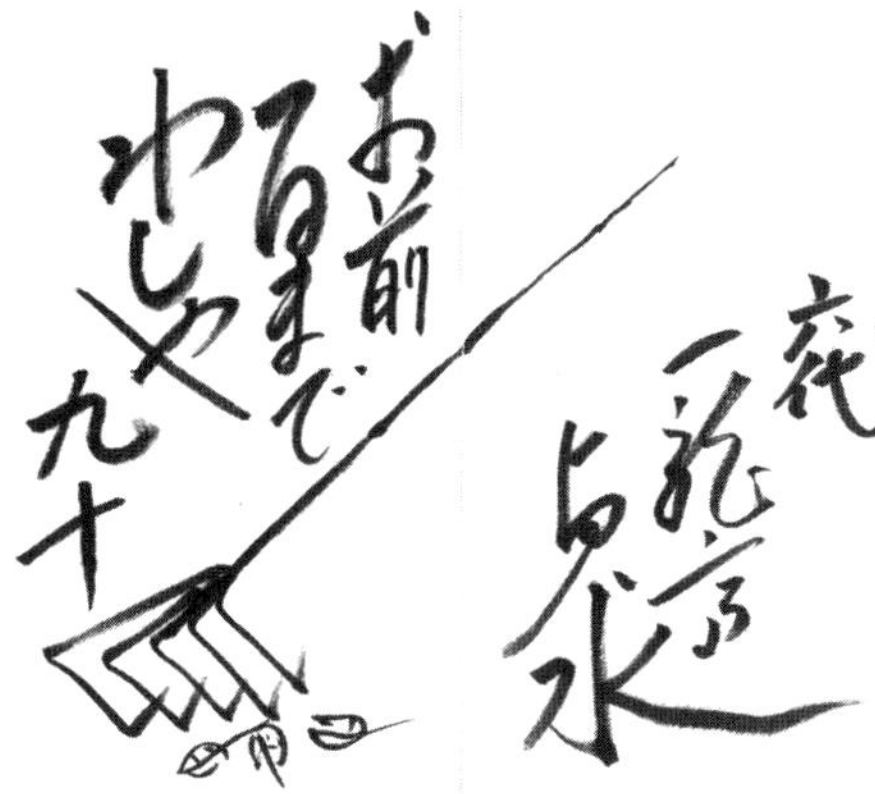

お願いした会の楽屋で頼んだ貞水のサイン

東京文化財研究所では、『天明七星談』『仙石騒動』『緑林五漢録』『文化白浪』などを連続で演じ残してくれた他、晩年には自身の住まいがあり、伊東燕晋が高座をしつらえて講談を読み始めた地であり、それを記念して貞水の尽力により建てた「講談高座発祥の地」碑のある湯島天神で、『金比羅利生記』を連続で読んでいた。最後の高座もその『利生記』で、物語としては大団円を迎えることはできなかったが、その続きは弟子として様々な薫陶と恩恵を受けた一龍斎貞橘が読むことに意義があると思っている。まだまだ聴いてみたい（聴いていない）演目もあっただけに、彼岸へ渡ったのは惜しくもあり、やはり寂しい。

お願いした会の楽屋で色紙を頼んだ時に、サッと書き上げたのが「お前百までわしゃ九十九まで」。99歳まで、まだ時間があっただけに残念に思う。

8　東京の講談界が二派に分裂している訳

東京の講談界に一つのまとまった団体ができたのは明治期のことであったが、その後も様々な理由から離合集散を繰り返してきた。その歴史を細かく追うと、長く、かつ複雑になるので、ここでは現況を説明するのに適切と思われる戦後の東京の講談界から振り返ってみる。

戦後は講談組合がその活動を支えたが、昭和24年に四代目邑井貞吉が頭取となるも、その貞吉が昭和40年に没すると、次の頭取を投票で選出することになった。結果、多数票を得た五代目一龍斎貞丈が選出されたが、貞吉体制で副頭取にあった五代目神田伯山、七代目一龍斎貞山、五代目宝井馬琴の内、伯山と馬琴が選挙とそれに至る経緯、更に結果について納得がいかないと、同月〝正統の組合は自分たちにある〟と、「東京講談組合」を結成した。この流れは昭和42年に鈴本演芸場の支配人伊藤光雄の仲介があるまで続いたが、同43年に貞丈が没すると、講談組合を一度解散し、講談協会を設立。宝井馬琴が新会長に選出された。

昭和46年の初めには、ホームグラウンドである本牧亭が、講談界の旧態依然とした様子に業を煮やし、講談の定席をやめることを協会に通達。メディアで活躍していた田辺一鶴の企画物や一龍斎と宝井の若手が組んだ「宝龍会」。また、当時の協会会長であった神田山陽が新企画を含めた運営方針を打ち出すと、個々人の活動がメインとなる。

その本牧亭も昭和47年2月から改築に入ることになると、同年の講談協会人事で、会長に神田山陽、理事に神田ろ山、神田伯治、小金井芦州、一龍斎貞丈(事務局長兼務)、監事に一龍斎貞水、宝井琴鶴が決まるも、国会議員に選出された人気者の一龍斎貞鳳が理事長を降りる。合わせて講談協会の運営自体に疑問を持ち始める会員も現われ、昭和48年5月に開かれた臨時総会で、協会解散の議題が出され、賛成票が多数を得た。

ただし、この裏には5月1日に本牧亭で開かれた「神田山陽一門会」での女性講釈師天の夕づるの〝ポルノ講談〟についての是非もあった(次項参照)。結局、解散反対派の山陽、田辺一鶴、田辺小鶴、馬場光陽、旭堂南陵、貞丈の6人と、解散賛成派の伯治、ろ山、芦州、貞水、琴鶴ら14名に分かれ、山陽を会長にした「日本講談協会」と、賛成派の「講談組合」。その他、フリーの伯山、貞丈、馬琴という流れになった。戦後の大きな分裂の一つであり、講釈師が今もって語る、ポルノ講談の顛末である。

その後、日本芸能実演家団体協議会(芸団協)への加盟を促された際には、講談界は大きく三つの流れに分かれていたものの、日芸連の四代目三遊亭金馬(現・金翁)、春風亭柳昇の斡旋により「講談評議会」を別に結成し、合同で加盟することとなった。その時の代表は五代目宝井馬琴、常任理事に一龍斎貞丈、理事に一龍斎貞水という構成であった。

ところが昭和49年に入り、宝井琴鶴、琴梅、琴桜、一龍斎貞正が講談組合を脱退。その理由は、この時点では親睦団体であった「宝龍会」でフリーとして修業をしていた前座一龍斎貞司(現・貞心)の二ツ目昇進を拒否されたことにあり、宝龍会を正式な会派として立ち上げようという背景があった(ただし、同会のメンバーであった貞水は組合に残った)。この動きに対し、本牧亭は昭和49年に講談の自主興行を行わないことを決定する。

しばらくは新たなこの三派体制で進むことになるが、昭和52年に講談組合の伯治、貞水が、馬琴を中心とした講談界の一本化を図るも、山陽率いる日本講談協会がこれに反対。合わせて貞丈一門と馬琴一門が合流して作った「東京講談会」の中にも消極的な意見が出たことで、東京の講談界が一本化するのは、昭和55年のことになる。

昭和55年9月には、講談界が再び「講談協会」の名の下で一本化され、10月1日からは本牧亭で講談定席も復活した。会長には五代目宝井馬琴、副会長に三代目神田山陽、専務理事に六代目一龍斎貞丈。新協会員は43名。ただし、神田伯治(後の六代目伯龍)、八代目一龍斎貞山、悟道軒圓玉はフリーの立場を貫き、48年の協会分裂のきっかけを生んだとも言える天の夕づるは前月に結婚して廃業した。

五代目宝井馬琴が昭和60年10月に死去すると、会長職は副会長であった神田山陽が就任し、副会長に一龍斎貞丈と小金井芦州、常務理事に宝井琴鶴（事務局長兼任、後の六代目馬琴）と一龍斎貞水（総務局長兼任）、理事に田辺一鶴、監事に神田ろ山が選ばれ、長い年月を経て、やっと一本化された講談界のように見えたが、協会内にはさざ波は立ち続け、平成2年には本牧亭が閉場（前術の通り、平成23年まで、池之端本牧亭、黒門町本牧亭として営業は継続）。

翌3年4月に協会内で選挙が行われると、小金井芦州が会長に選出され、それまで会長職にあった神田山陽は最高顧問となるが、10月に山陽一門が選挙方法に異議を唱えて、協会を脱会し、再度「日本講談協会」を立ち上げた。尚、この時に一門にあった神田照山と神田翠月は協会に残っている。それ以来、東京の講談界は「講談協会」と「日本講談協会」の二派で活動が続いているという訳である。

と記している最中に興味深いニュースが飛び込んできた。

講談と所縁の深い泉岳寺で、両協会共催での「泉岳寺講談会」が２０２１年９月から開催されるというのだ。泉岳寺と企画協力者が間に入り、宝井琴梅、神田紅両協会会長が調印式まで行うといった念の入りようで、まずは若手を中心に、４名づつ出演する会になるとのことだが、いずれはベテランも出演するようになるとのこと。今後、講談界にとってどんな空間になり、影響をもたらせるのかが楽しみだ。（コロナウィルス感染拡大防止の対策として、同年10月開催になった）。

9　天の夕づるの〝ポルノ講談〟とは何だったのか？

講談に接していると、時に二つの歴史的キーワードにぶつかることがある。それは東京講談界の分裂騒動とポルノ講談だ。

昭和48年の5月、ヒゲの一鶴こと田辺一鶴門下にあった、当時、田辺夕鶴という名であった女性講釈師が演じたポルノ講談が、講談協会の臨時総会で議題として挙がり、その是非がもとで、協会が二派に分裂した。詳細については前項をご参照いただきたい。

5月1日に本牧亭で開かれた「神田山陽一門会」で、夕鶴が演じたポルノ講談がその発端になったとする資料や証言を見掛けることが多いが、それは間違いではないが、注意しなければならないのは、夕鶴はその時既にポルノ講談で名を売っていたということである。それ以前から師匠であった一鶴からのアドバイスを受けて、夕鶴版『白雪姫』や『金色夜叉』を演じていた。ただしその頃は、艶っぽい声や色気を押し出した高座であり、後に指摘されるような肌を露出してというものではなかった(とされる)。

ちなみにその『金色夜叉』については、昭和47年5月号の「別冊サンケイ」の付録であるソノシートに音が残されており、その冒頭で、自ら「ポルノ時代の申し子、田辺夕鶴でございます」と話している。

つまり、田辺夕鶴は昭和44年に一鶴に入門後、何と前座時代からポルノ講談を演じていたことになる。本人もインタビューの中で、

前座になったとき、師匠に、なにを演ったらいいだろうって、相談したんです。そうしたら、師匠は東京オリンピックを講談に仕立てて評判をとった人でしょう。『キミは女だしな、それに歳もくってるから、自分の個性に合ったものをやったほうがいいだろう』っていわれたんです。個性といったって、そんなことはまだわかりませんよね。

そのちょっと前あたりから、ポルノという言葉が聞かれはじめたんです。どうせ高座に出るのなら、思い切ったことをしてみたかったんですよ。化粧とかパーマをかけたこともない堅物の私が、こともあろうにポルノをやるというんですから、一鶴師匠もはじめは、さすがに驚いたみたい。

夕づる（夕鶴）の残したソノシート

けど、ああいう師匠でしょう。『すすめはしないけれど、やってみるんだな』ってね、変ないい方で許可してくれたんです。

（「小説宝石」昭和48年10月号「日本列島おんな百態⑥ ごおるでん横丁夕鶴肌恋い」）

そのポルノ講談の出来はと言うと、本人自ら〈周囲の人間から『色気がない』っていわれたのはショックでした〉と証言している。

ポルノ講談を生で聴いた人も少なくなってきたが、仲間内で言えば、後に夕鶴が一鶴一門を飛び出し、二人目の師匠となり、協会の分裂騒動の際には、夕鶴の味方についた二代目神田山陽は、

夕づるは私の門下に加わり、「天の夕づる」と名乗って、艶色作家に頼んで台本を書いてもらい、自らポルノ講談として宣伝しはじめました。私は彼女の意図を妨害はしませんでしたが、未だ語り口そのものが未熟でしたので、かねて研究の教授法を試みため、基本訓練から、女性向きに講談を創作、脚色し、これを題材として稽古に励みました。

その成果は、ポルノ講談のうえにも次第に効果を現わし、衆目を惹くようになりました。しかし、奇矯を好むはマスコミの常です。たちまち好材料としてオーバーに喧伝され、はては仲間のねたみを買って、講談界を分裂にと追い込むにいたりました。

（二代目神田山陽「桂馬の高跳び」）

とし、一方で協会分裂の時は反対派に回り、実のところ、山陽とは犬猿の仲であったという小金井芦州は、

ポルノ講談の場合はね、天の夕づるというあれがね、ポルノ講談をやる。それはいいんですよ。いろんな所で脱ぐんですよ、キャバレーで脱いでも構わないですよ。どこだって。だだし、本牧亭でこれは［許されない］、講釈師の歌舞伎座だ、檜舞台だと。そこへ、かりにもしゃべる商売しょ、脱がなくとも、オッパイ出したりしなくとも、口でもって表すのが商売じゃないかと、それが不満ならストリップへ行きゃいいし、何か引き出しを間違えているんじゃんないか。あたしとしては、そういった舞台で同しストリップ紛いなことを演った講釈師の後へ自分が出るんじゃ、亡くなった講釈師の先輩方に対して申し訳ありません。

（「小金井芦州啖呵を切る」より）

としており、ポルノ講談についてというより、講釈師の聖地であり、芸のベースであった本牧亭の高座で〝脱いだ〟ことが許せないという発言を残している。また、2020年に鬼籍に入った、のちの人間国宝一龍斎貞水は、

あのときはハッキリ言いました。ポルノでも、見て〝ああ、きれいだ。いい姿だな〟っていうん

なら、まだいいと。ところが、長襦袢になるまでやるんですが、襦袢が無粋で汚らしくて、絵にならないんです。〝嫌だな、汚いなあ〟って感じしか受けない。照明装置があるわけじゃないから、舞台面が汚くなっちゃうんですよ

としており、絵的感覚、美的感覚の面から意見を残している。男性の意見ばかりではあるが、いずれにしても、仲間内ではあまり評判の良いものではなかったことが分かる。

そんな夕鶴が、一鶴門から二代目山陽門下に移り、本名の天野孝子から「天の夕づる」と名を変えたのが、昭和48年4月。騒動のきっかけが起こるのが、直後の5月1日の「神田山陽一門会」であった。これまた夕鶴改メ夕づる本人のインタビューから抜粋すれば、

この五月一日に上野本牧亭での神田山陽一門会で、念願の〈ゴールデン横丁情死行〉を演じたんです。どういうわけか、前座の身でありながらトリを勤めさせていただいて……舞台に布団を敷いて、芸を披露させてもらったんですよ。

ところが、それに文句がついちゃったんです。私は新作ものをやってゆきたいわけですよ。ポルノも新作なんです。それを古典派の人たちはすごくこわがるんです、『ストリップじゃない』とかいってね。『夕鶴はけしからん。ストリップまがいなことをする』その程度ならまだ許せるんです……芸人だから嘘が巧いのね、『毛を見せた』とくるんですよ、フフフ……。私

が舞台で裸になったみたいないい回しをするんです。ちょっと襟足を抜いて、長襦袢の赤いのをちらつかせるつもりだったけれど、台詞のほうに夢中で、手が届かなかったというのにね。毛なんて、見えるはずがないじゃないですか。

高座で見せたのは太ももまでだったとも言われており、インタビューにしても、本人の回想談であり、雑誌のインタビューとなれば、少し盛っている可能性もあるが、本人の証言によれば、どうやら見せてはいないらしい……。

芦州は〈脱がなくとも、オッパイ出したりしなくとも、口でもって表すのが商売じゃないか〉と述べており、貞水は〈長襦袢になるまでやる〉としている。夕づる本人もどこまでであったかはハッキリとは述べておらず、いきなり毛の話になっているが、取り敢えずは布団を敷いて、長襦袢にまでなったことはわかる。

いずれにしても話の本質より、姿格好や風貌に視点が当たり過ぎてしまっている感はある。現在と比べても、まだ世間的な貞操観念の強い時代にあって、そこまで演じれば、世間からの非難を浴びても仕方がないとは思えるが、夕づるはまた、

ポルノというのは、永遠の課題だと思うんです。だから今後も、娼婦シリーズをやってゆきたい……映画のポルノは終わったけれど、まだまだ、いくらでも工夫があると思うんですよ。だ

から、いま私、いろんな小道具を使ってやってみたいんです。それと、やはり脚本ですね。この間、小沢昭一さんに脚本を書いていただきたいと頼んだんですよ。ていよく断られましたけど……

としており、小道具！と思いながらも、小沢昭一が脚本を書いていたら、また面白い展開になったのではないか。また「映画のポルノは終わったけれど」とするも、1960年代のピンク映画の始まりから、結果として昭和の終焉近くまで栄えた、にっかつロマンポルノを相手に、どんな作品を送り出したのかなどと、様々な想像ができる。

夕づるの主張から見えるように、ポルノ講談は新しい講談への取り組みとは考えられるが、新しいチャレンジにはまた功罪も生じる。夕づるの試みにより、勿論、そこには以前からの芸人としての人間関係といったものも関わってくるのだろうが、講談界が分裂する契機になったことは間違いない。

尚、天の夕づるのポルノ講談は、前出の『金色夜叉』の他、もう一枚残したレコードで楽しむことができる。

その名もズバリ、「闇の女講釈師『天の夕づるの世界』」（CBSソニー）。流三界と名乗る脚本家南川泰三による『血文字お定』と『おゆうぼたん花』の二作が収められている。前者は阿部定事件をドキュメンタリータッチで読むも、情愛の上での殺し方や、はじめに〈7、8年前だったかしら、ご贔屓に連れられて、上野稲荷町の「星菊水」って店に行ったことがあるんです。（中略）それが私の最初で最後の定さんとの出会いでした〉と、昭和55年の収録から逆算すると時代が合わない点もあるが〈阿部定が星菊水で働いていたのは昭和30年代前半で、昭和46年には失踪している〉、それは〈講釈師見てきたような嘘をつき〉という範疇のもので、丁寧な読み口は朗読に近く感じられるも、また、必要以上の艶気を出して演じている様子が収録されている。

その夕づるの高座映像は残っているのだろうか。夕づるの動く姿という点で言えば、映画会社ATGが生んだ『鴎よ、きらめく海を見たか　めぐり逢い』（1975・吉田憲二監督）の冒頭で拝むことができる。ポルノとまでは呼べないが、主演の田中健とのベッドシーンが見られる。

東京の講談界分裂という事態は生んだが、そのチャレンジ性を含め、ここまで高座とその演目で話題を呼んだ講釈師がいたか。天の夕づるの再検証も必要と思っている。

［追記］

2021年8月22日の東京新聞で、講談協会と日本講談協会が9月より共催することになった「泉岳寺講談会」の記事が取り上げられた。特集名は「講談界2派雪解け義士に誓う」というもので、その記事の中でポルノ講談が取り上げられ、今は引退をしている天の夕づるのインタビューが載せられた。その小見出しは「新風入れたかった」で、当時の思い出を振り返りながら、今の講談界にエールを送っている。天の夕づる、現在76歳とのことである。

10　分裂し続ける上方講談界

メディアで活躍を見せ、参議院議員に当選してからは、講談界と距離を置き、晩年は隠居状態にあった一龍斎貞鳳が昭和43年に刊行した『講談師ただいま24人』によると、当時の上方講談界は三代目旭堂南陵ただ一人。まさに滅びかけていたと言ってもいい上方講談界で弟子を取り、30名以上にまで会員を増やした南陵の功績は計り知れない。だが、その三代目南陵一門が、延いては上方の講談界が今、三つ(以上)の団体に分かれている。

東京の講談界は60名以上いて、講談協会と日本講談協会の二団体に、落語芸術協会所属(日向ひまわり)とフリー(悟道軒圓玉)という構図であるから、それに比すると、上方講談界がいかに細分化されているかがわかる。何故、今、上方講談界が三つに分かれているかは、それぞれの団体や個人による見解が異なると思うので、そのあたりの詳細はここでは避けるべきであろうが、やはり、この手の問題にありがちな人間関係に尽きるのであろう。

「上方講談協会」としてまとまっていた会の分裂の契機は、２００３年のことで、協会の軸にあった当時の三代目旭堂小南陵(のちの四代目南陵)が除名され、新たに「大阪講談協会」を立ち上げたことにある。更に2017年には旭堂南鱗を筆頭に多くの講釈師が上方講談協会を離れ、「なみはや講談協会」を立ち上げ、元からあった「上方講談協会」は旭堂南左衛門一門だけになってしまった。

正直言って、ややこしい派閥構成になってしまっており、誰がどの協会に属し、また属していないのかが見えにくい部分があったが、2021年8月に『東西寄席演芸家名鑑2』が東京かわら版増刊号として刊行され、東京にいてもその概要が知れてきた。それに基づいて2021年現在の講釈師の名を挙げると、

「上方講談協会」

南左衛門を会長に、南龍、南舟、南斗、南鷹、南歌、南京、南文字、南扇、南門、南山、南之助、南生、南月、南楽、南雲、南歩(全て、亭号は「旭堂」。以下同)

「なみはや講談協会」

南鱗会長を頭に、南北、南華、南海、南湖、鱗林、一海、左南陵

「大阪講談協会」

四代目南陵没後、弟子の五代目小南陵がその代表を務めていたが、2021年3月に退会。それ

以前に四代目玉田玉秀斎も離れているので、現在は、南慶、みなみ、南照、南春、南桜、南鈴、南遊、南明、南風、南璃

「フリーで活動」
小南陵、玉田玉秀斎、南也、南喜、玉田玉山、七井コム斎

尚、上方講談協会には名古屋支部の会員も含まれている。

元気がいいのは、三代目南陵の教えを伝えて行こうという気概にあふれる「なみはや講談会」である。大ベテランの南鱗を筆頭に、『難波戦記』をはじめとした連続講談に取り組む南海。この人は音楽家の宮村群時と組んで、明治大正期に流行した書生節を、学ラン姿にバイオリンを奏でて披露するといった貴重な活動も見せている。また、『難波戦記』を10枚、『太閤記』にいたっては76枚のCDにまとめて発売するなど、意欲的に上方講談を伝承していく姿勢を見せている。

新作ばかりでなく、江戸川乱歩の『二銭銅貨』や海野十三の『蝿男』を講談に直した探偵講談に、子ども向けの講談ソフトを制作したりと幅広い活躍を見せているのが南湖である。以前、上方落語家の笑福亭たまと開いていた「たま・南湖二人会」は、新作も含めた落語と講談のぶつかり合いも面白く、小冊子『大阪城』(『東京タワー』ならぬ)なども、その中身はユニークなものであった。

2021年には自作講談にはじまり、探偵講談に旅行記、エッセイ、古典講談を収載した『旭堂南

湖講談全集』(ＬＥＶＥＬ)を刊行した。南湖の講談への取り組み方も知ることができ、かつ上方講談を速記として残した、今後を含めた貴重な資料が世に送られた。

上方落語の特徴は、東京のものよりもしっかりとした格調ある読み口と言ったら、東京の講釈師に怒られるだろうか。南海、南湖は東京でも会を開いているので、その高座に触れられる機会も多いはずだ。

構成する人数が多いよりも少ない方が分裂はしやすいとも言う。今はフリーで活動している小南陵は２０１９年１月に寄席「此花千鳥亭」をオープンした。大阪にない(とは言え、東京にもない)講談の定席を作りたいという願いを一つの形にした訳だ。今は南龍という協会が異なる仲間と共演し、新型コロナウィルスの影響を受けて、配信なども積極的に行っているので、その会場の雰囲気であったり、活動について追うことができる。２０２２年１月からは若手を中心にした講談の会を３６５日開くという発表もした。いずれは、上方の、今は分かれた講談界にいる講釈師が出演すれば面白いし、東京の講釈師の大阪における定席にもなれば貴重な場ともある。

諸々の問題があるのかも知れないが、徐々にでもいいので、折角の空間をうまく利用して、上方の講談界を守り、発展させてきた三代目南陵一門としての芸の競演が見られれば面白いと思っている。

11　改めて注目したい講釈師・神田織音

初めてその高座を見たのは前座の頃だったが、その第一印象は可愛い！というものであった。二ツ目になってからはいわゆる古典物も読めば、青春物の新作にも取り組み、その頃の女性講釈師に見られたような、端物で読み切りの話にやはり臨んでいくのかと思うことがあった。しかし、近年『柳生旅日記』などの硬い連続物や、講釈ではこれまであまり聴くことの少なかった『塩原多助』をその発端から確かな形で読み進めている。

２０２１年に入ってからは、滝沢馬琴の妻『滝沢路』、赤穂義士伝の内『南部坂雪の別れ』、長谷川伸原作の『九十九両』などを聴いたが、柔らかな口調ではあるが、ハッキリとした口跡で、男性の厳しいばかりでない心優しい面と、たおやかな女性であるも、一本芯の通った生き様を描いたりと、女性の目を通した講釈の持つしたたかさであったり、同時にたくましさをも読む姿に、改めて強い魅力を感じている。

先日、本人にインタビューをしたところ、「年齢を重ねて、女性としての図々しさが出てきた」と話していたのが印象に残った。新作で『花屋清花』という作品を読んでいるが、身体が不自由でありながら、吉原でトップクラスの花魁である主人公の姿には艶気があって、勿論、その姿が良かったのは言うまでもないが、それ以上に店の女将が商売道具である遊女に注ぐ目とその言動に腹が座っていて、それがまた、決して嫌味な部分ばかりが前面に出るのではなく、話の世界を活かして得ていた。恐らく、そうした主人公の脇を支える女性の姿を描くのにも、講釈師として齢を重ねて集中できるようになったということでもあろう。

自身が今思うテーマに斬り込んでいく神田織音

また、話芸としての女性の表情をうまく描くのも織音の特長と言える。毒婦伝『浪花のお辰』を聴いた時には、一見、気品あるように見えるお辰が、本来の姿である悪女に転じてからのセリフ回しで、首を細かく軽く振りながら、鋭い目を斜めの角度をもって客席を見据える姿など（分かってもらえるだろうか）、この辺りは芸歴と人生歴（という表現が合っているのか）の賜物であろうか。細かい描写を適切な場面で見せる高座はやはり見逃せない。

更に、神田織音が立川志の輔的な姿勢を持っていることにも注目しなければならない。独演会などでは、その日に読むべきテーマを用意する。例えば「縁は異なもの味なもの」や「その手は桑名の焼き蛤」といったテーマを設け、時代や時勢に合い、自身が気になる話題を講釈の上で読んでいく。その際、古典に題材があれば古典で読み、テーマにふさわしい講談がなければ新作を用意する。風刺を盛り込む時にも、強く打ち出すことなく、笑いも交えて読みに忍ばせたり、さり気なく登場人物に口にさせたりする。これらは実は講釈師の本来あるべき姿であり、日頃から講談に目を向けている様子が感じられて、だからこそ強かで、たくましいのだ。

昨年、同門の神田翠月が惜しくも彼岸へと渡ったが、その翠月の魅力の一つであった、女性でありながら男の世界を真っ向にとらえ、男に負けない講談を読む姿。

一方で、翠月とともに女性講釈師の道を切り開いていった宝井琴桜の魅力は、女性の視点から女性の生き方を見つける点にあると言えるが、神田織音の高座はその両方を合わせ持ち、また新たな女性講釈師の道を地道にではあるが築き、人数も増えた女性講釈師の進んでいく講談のあり方をも示しているように思えてならない。

山陽一門を辞して、師神田香織とともに講談協会へ移った際に、講談協会で活躍していた翠月に大変に世話になったと話していたが、そこには翠月の、同じ一門としてばかりでなく、自分の後を担える存在としての期待もあったのではないだろうか。

そんな意味でも、神田菫花、神田真紅、田辺いちかといった、新しいことにも積極的にチャレンジしている新世代の女性講釈師を牽引していって欲しい講釈師であり、その役割は既に担っている。

これから先、どんなテーマを見つけ、どんな講釈を聞かせてくれるのか。きっと「いい」講釈を聞かせてくれるに違いない。

12 改めて注目したい講釈師・神田茜

最近の講談界は、落語と同じように芸術的作品至上主義のような感があるので、新作講談があまり注目されることがないように思える。やはり、義士伝や武芸物、金襖物といった連続物で、先人から受け継がれてきた古典作品を聴かないと聴いた気がしないと思う人も多いようだ。

ただし、講談の歴史は「作る」ことにあった。「古典も作られた時は新作であった」とは新作落語を取り上げる時によく使われる言葉であるが、講談は作られ続けてきた芸である。時代を読み、その時代を生きた人に迫り、そこに演者の味を加える。だからこそ、聴き手の講談の楽しみには「新作を聴く」ということも加わってくるはずだ。

また、講談を聴く楽しさには「人物を知る」ということも加わる。伊達政宗の人生訓に、赤穂の義士達の生き方、宮本武蔵の修業姿に、献身的な瓜生岩子……と、その印象的な人生の歩みが聴き

自作の張り扇を高座で披露する神田茜

手の心を刺激する。

そうした講談界の中で、新作をメインに演じてきた神田茜の講談は、歴史的な偉人というよりも、もっと自分の近くで息をしている身近な人物の生き方であったり、今も生きる人々の人間らしい喜怒哀楽や魅力といったものに迫ってみせるのが特徴であり、味わいと言える。

恋心を抱く男性との未来を妄想する女子。会社の中でお局になった時に打開策を見つけて行く女性。宝くじに当たったらどうしようと考えを巡らす夫婦等々。その姿を前に、思わず「うん、わかる!」といった登場人物が、日常の世界からちょっと脱線してしまった(脱線しかかった)時に感じるドキドキ感といったものを描き出していく。

敵に囲まれ、刀を手にして戦ったことのある人は少ないだろうが、心を寄せる相手を前に、どうしてよいかわからないという経験や、思わぬ幸運を前に慌ててしまったことがある人は多いはずだ。

古典芸能の世界で描かれることの多い、義理と人情、忠臣愛国といったテーマとは別に、現代に生きる主人公がどんなことに悩み、どんな結論を出し、どんな道をたどって行くのか。身近な人物と身近なテーマを持った講談であるからこそ、考えさせられることは多い。

　かつては『春日局』や『お歌合わせ』などの古典も演じていたが、師匠である二代目神田山陽が作ったという『人魚の海』や、義士伝の『岡野金右衛門』の改作『好き好き金右衛門様』に、自ら「怪談」ではなく「快談」と呼ぶ『牡丹燈籠』の『お札はがし』ならぬ、『お札貼り』といった話を演じている。

　自作の講談であれば、ＯＬが上司に淡い恋心を抱く『小さな恋のメロンディ』に、閻魔大王が恋をする『初恋エンマ』。内田春菊原作のキスをすると唇が……という『赤い唇の彼』は私の大好きな作品。他にも『ふともももムチムチ』に『弱虫たちの啖呵』など、古典至上主義者からすれば、講談らしからぬ演目が並ぶも、神田茜作品に登場する主人公は、若い感性を持つ女性が多く、その姿を見ていると、〝あの時〟に忘れてきてしまった物事をそのままにしておいていいのかと〝喝〟を入れられる。そしてその喝が柔らかで温かな口調で描かれるからこそ共感しやすいのが茜ワールドの魅力である。

　最近は小説の執筆活動に忙しいようで、勿論、その作品も女子から母親へと年齢の変わりつつあるものもあるが、その高座に接する機会も多くなっているだけに、今の講談界に、こんな今風で常に新しく感じられる新作もあるんだと思わせる作品を聴かせていって欲しい。

13 《鑑賞記》 令和三年「伝承の会」

人間国宝の一龍斎貞水が、生前、東西の若手や中堅の講釈師の芸の継承と研鑽を重ねるために、所属する組織や枠を超えて、ベテランの師匠から話を教わり、その成果を見せるために企画した「講談伝承の会」。その恒例の会が２０２１も深川江戸資料館小劇場で開催され、三月十〜十二日の三日間にわたる会で十回目を迎えた。

２０２０年はコロナ禍中にあって中止になったために、二年振りの開催となったが、２０２１年は新型コロナウィルスの感染拡大を防止するために、入場者数を50％以下に制限したために、例年に比べればゆったりとした空間で楽しめた。

チラシやパンフ等では「総勢27名の出演」としてあったが、講師陣も9名出演するため、結果36人が三日に分けて出演。各日１５００円という格安の入場料も魅力だけに、多くの講談ファンが集まった。

各日の出演者と演目は以下の通り（カッコ内は講師名）。

【初日】2021・3・10（水）

神田伯山『東玉と伯圓』（一龍斎貞心）

旭堂南舟『恩愛親子餅』（宝井琴星）

《休演》一龍斎貞弥『中村仲蔵』（宝井琴調）

↓映像で振り返る一龍斎貞水の稽古風景に変更

神田真紅『太閤記・長短槍試合』（旭堂南左衛門）

旭堂南照『お富の貞操』（神田紅）

一龍斎貞友『縛られ地蔵』（宝井琴星）

一龍斎貞寿『堀部の間者』（旭堂南左衛門）

神田春陽『丸利の強請』（神田松鯉）

旭堂南湖『佐倉義民伝』（宝井琴星）

★一龍斎貞水を偲ぶ：ありし日の高座映像と一龍斎貞友の追悼の言葉

《講師陣の部》

旭堂南左衛門『谷風の情け相撲』

宝井琴星『大久保彦左衛門・五色の蔦』

神田松鯉『秋色桜』

【二日目】2021・3・11（木）

神田紅佳『め組の喧嘩』（神田愛山）

神田紅純『山内一豊と千代』（旭堂南海）

旭堂南斗『乳房榎』（神田松鯉）

神田菫花『戸田川お紺』（神田翠月）

旭堂小南陵『黒田節の由来』（神田紅）

田ノ中星之助『実説佐倉宗吾』（神田翠月）

宝井琴鶴『柳生二蓋笠』（一龍斎貞山）

旭堂南龍『おぼろの便り』（旭堂南陵）

一龍斎貞橘『芝居の喧嘩』（宝井琴調）

★旭堂南陵を偲ぶ：ありし日の高座映像と旭堂小南陵の追悼の言葉

《講師陣の部》

神田愛山『就活物語』

宝井琴桜『与謝野晶子伝』

一龍斎貞花『観世肉付きの面』

【三日目】2021・3・12（金）

神田桜子『赤垣の聟入り』（旭堂南鱗）
田辺いちか『耳無し芳一』（宝井琴嶺）
旭堂鱗林『巴御前』（神田陽子）
田辺銀冶『扇の的』（宝井琴梅）
神田山緑『西遊記 芭蕉扇』（宝井琴梅）
田辺凌鶴『八丈島物語』（一龍斎貞花）
神田蘭『伊達政宗の堪忍袋』（宝井琴桜）
玉田玉秀斎『義士外伝・小田小右衛門』（宝井琴調）
神田昌味『春日局とお勝局』（神田翠月）
★神田翠月を偲ぶ：ありし日の高座映像と神田昌味、田ノ中星之助、神田菫花の追悼の言葉
《講師陣の部》
神田紅『お富与三郎』
一龍斎貞山『団十郎と馬の足』
宝井琴梅『夜もすがら検校』

各日7時間にのぼる公演で、途中、休憩も挟まれはするが、コロナ禍にあって会場内での食事も取れないことから、聴き手はそれぞれに、途中外出をしたり、持参した弁当を外で食べたりしてい

たようで、それもまたこの年の例年には見られない風景となった。

また、小劇場内のロビーにモニターが設けられていたので、途中入場者や、ちょっと息抜きにロビーへ出てきたいなどという人にとっても、場内に居ながらにして高座を追っていけたのがありがたく、私もまた、特にドタバタとしていた三日目にはその恩恵をあずかった次第。

ちなみに、その三日目には、個人的に取材と所用があったので、三日目は神田山緑から神田昌味までの観賞であったが、それを承知でこの年の見どころを挙げるとすれば、勿論、若手が真摯に取り組む高座が続いたのは言うまでもないが、一方で、結果としてそれぞれの日の最後に聴くことができる講師陣の高座も注視しなければならなかった。

特に、所用で一龍斎貞山の「伝承の会」での最後の高座を聴けなかったのは無念。

更に、三日間全公演のトリを務めた宝井琴梅の、まさに琴梅この一席ともいうべき『夜もすがら検校』を聴くことができなかったのも無念。芸と出会うはまた一期一会であることは重々承知しているが、この年はその思いも格別。だからこそ、聴ける時にはしっかりと聴くことの大切さを思い知らされた。

この年はまた、一龍斎貞水、旭堂南陵、神田翠月といった、2020年に鬼籍に入った、この会における講師陣として欠くことのできない三人の往年の先生の高座を貴重な映像で偲ぶのとともに、それぞれの師匠に教えを乞うた若手の追悼の言葉が胸を打った。

これまた個人的に、印象に残った三日間の高座をベスト3的に挙げるとすれば、

①旭堂南湖『佐倉義民伝』
丁寧に言葉を紡いでいく読み。原則、読点でつないでいく語り口が、聴き手を物語の世界に連れて行く。淡々と、それでいて一語一語を大切にする読み方で、決して明るくないこの話の世界に光（物語に合う薄光）を当ててみせた。

②一龍斎貞橘『芝居の喧嘩』
貞橘固有の講釈としての古風な読み方でありながら、ケレン味たっぷりの読み方。マクラで披露する講師琴調先生の話からして面白い。貞水先生を彼岸に送り、また新しい貞橘の世界を切り開くのでは？と期待できる高座。

③田辺凌鶴『八丈島物語』
実はある種、硬い読み口の凌鶴にはこうした歴史物が似合っていると思ってきた。宇喜多秀家の武士としての貫禄、福島正則の品性。秀吉の腹を探る様子と、宝井とはまた違った読みの世界を感じた。

となる。手元に残す当日のメモ帳にある感想をそのまま写した。
全席を聴けた訳ではないが、聴けた範疇でのベスト3であることは、改めてご容赦願いたい。

講師の琴桜先生が話を教わりに来た講釈師に「品よく読んでください」と最後にお願いしたとマクラで話していたのもまた印象に残っている。話を教わるというのは、話ばかりでなく、芸に臨む時の気品と言えば良いのか。話をどうとらえるかという先輩から受ける稽古でなければ知得できない教えもまた伝えられていることを感じた。

令和四年は「誰が」「どんな話を」「誰から」教わってくるのか。この会の期待は大きく、ぜひとも貞水の遺志を組んで、これからも継続していって欲しく、また楽しみにしている。

14 現代講釈師列伝・神田愛山

神田愛山は二代目にあたる。

初代の愛山（1906〜37）は、『伝統話芸・講談のすべて』という著作を残す翻訳家の阿部主計氏によると、〈小柄な肉体を、好きな講談と他人の財布に托して、芸人生活を思うように泳ぎまわった快男児〉であり、侠客伝を中心にその腕も確かなものであったという。まだこれからという時に応召され、上海戦線で戦死し、当時の講釈好きを悲しませた。

現・愛山の高座を初めて聴いたのは、40年近くも前のことになる。通っていた小学校の近くの寺で毎月開催されていた会があり、柳家蝠丸、瀧川鯉昇（当時、春風亭愛橋）、林家時蔵、三遊亭右左喜との競演であったが、実はその日の演目を覚えておらず、記録も見つからない。当時、小中学生の頃の私には、やはり講談は難しく感じたのか、それとも当時演じていた「品川陽吉伝」であったのか、落語の演目は覚えているので、いつか確認したい。

神田愛山がたびたび口にするダンディズムとは

後にその半生を色々と知ってから接した高座から感じたのは、〝講釈師としてのあり方を頑なに、それでいて講談という高い山を自分の思うように登り続ける快男児。山を愛する『愛山』なんだなあ〟ということである（大喜利みたいな表現だが）。

余談になるが、その山に続こうとしている様子がうかがえるのが神田伯山であり、個人的には「ろ山」を継いで欲しい神田春陽であると思っている。

聴き手からすれば、その山を眺めていると魅力的に感じるものの、どこか険しく見えることもある。だが往々にして、その繊細な山肌と柔らかな稜線に見惚れてしまう。そんなところが神田愛山の魅力なのではないだろうか。

令和元年に開亭した「墨亭」で、神田愛山の会を頻繁に開催しているが、毎回の講談ばかりでなく、そのマクラでの世相の分析が興味深い。その中で、ＮＨＫ『お笑い三人組』で名を売った一龍斎貞鳳と愛山の師匠にあたる二代目神田山陽の講談の魅力は、「分かりやすくて面白いことにあり、それは二代目山陽一門の根底にあるアイデンティティである」と話したのが印象的だった。

私の最初の講釈師のイメージは田辺一鶴にある。ハチャメチャで面白く、世に講談という芸があることを教えてくれた先生であった。そして、講釈を「聴く」といった意味では、二代目神田山陽が入口であったことは間違いない。当時、講談定席の本牧亭ばかりでなく、芸術協会の寄席にも頻繁に出演していたので、落語の中に入っての講談が楽しかった。『青龍刀権次』や『芝居の喧嘩』、『稲葉小僧』に、今、その孫弟子である神田春陽が墨亭で読んでいる『徳川天一坊』などを聴いたが、本牧亭の高座で聴いた『高野長英』が忘れられない。愛山が好んで読む『島田虎之助』と同じ時代を生き、蛮社の獄で投獄された蘭学者であるが、山陽が演じていたのは『高野長英獄中記』という内容であり、近代日本を夢見て、その熱い思いを行動に移す、まさに人間の情念のようなものが如実に感じ取れた上に、わかりやすかったのだ。

そして、ここに〝聴かせるうまさ〟が加わったのが、神田愛山であると思っている。墨亭で演じている修羅場にしても、武芸物から侠客物、世話物は勿論のこと、新作講談にいたるまで、ある種オールラウンドでありながら、どの演目においてもいかにも講釈といった展開を用いて聴かせてみせる。広く、深く、分かりやすく、面白く、そして講談の楽しさを伝えてくれる講釈師なんて、そうはいるものではない。だからこそ、今、愛山の高座にのめり込むべきであると思っている。

最近聴いたマクラの中では、高座で小金井芦州に可愛がってもらったと話していたのが興味深かった。

私の釈場初体験の詳細については冒頭で記した通りだが、その時に高座に上がった一人が、その芦州先生、つまり六代目小金井芦州であった。歯切れが良くて、啖呵が巧みに切れて、押しが強くも、テンポの良い口調が印象的な、恐らく多くの人が十八番として挙げる『忠治山形屋』は右に出る者はおらず、芦州もまた、私を講釈の世界に誘ってくれた一人であった。

そんな芦州の芸を感じさせる愛山の侠客物の魅力は、登場人物の侠客達が実はいたって人間らしいところにある。弱きを助け強気をくじき、義理と人情の狭間にある生き方には、その世界に生きる者のとっての大義名分があり、義侠心に富む。そんな侠客は、今のやくざではなく、かつてのやくざであるということは、今の若手講釈師に言いたいことの一つである。

得意にしている『ボロ忠売り出し』にしても、賭場に連れて行ってもらえないからと親分勘吉の着物を拝借する忠吉。それを知った勘吉も大親分と呼ばれる男なのに、「仕方ねえなあ…」という言葉がどこからか聞こえてきそうな、それでいていざとなれば度胸が据わる。

侠客物の楽しさは、そんなやり取りとともに、〝男が男に惚れてしまう〟生き方へのクローズアップの仕方に「も」あるのではと思っている。神田愛山の侠客物は実にいい。

神田愛山を見ていると、時に武士、時に侠客の背中を見る時がある。物静かにじっと控えていて、今だ！と決めるように高座へ向かう姿や、聴き手を相手に真剣勝負を終え、フッと息つく姿などにだ。それに狭小な墨亭を闘い場と選んでくれる心意気は、正に漢の生き方である。ダンディな生き方と姿が見られる一方で、とてもシャイな姿を見せるだけに女性が食い付くのも分からないではない。何せ、男の私が食い付きたくなる位なのだ。

そんな神田愛山は侍であるとする評を目にすることがあるが、侍にも色々とあるだけに、どんな侍なのかがわからない。ならば、神田愛山の講談の世界はダンディズムにあるとした方がいい。辞書を引いた時に見える「おしゃれ」という意味ではなく、「その男性の生活様式や教養などへのこだわりや気取り」に近いが、こだわり過ぎるこだわりと言えば良いだろうか。自分の生き方を知得しているがために、それに一直線に生きていく姿。そんな感じが話の中に表われているように思える。そして、それが〝男のダンディズム〟ではないだろうか。

２０２１年８月の墨亭お盆興行で迫ってみせた『清水次郎長外伝・荒神山』での吉良の仁吉の生き方。名作『骨の音』で謎を語り明かしていく按摩、河村瑞賢にしても、ヨージ君こと神田陽司にしても、自分らしい生き方を選び、それを実行に移した者ばかりだ。中には不幸な境遇を迎える人もいるが、恐らく自分の選んだ生き方に後悔はしていないだろう。

愛山はまた、「義士伝」を「別れの物語」と定義しているが、その別れもダンディズムの結晶と言える。話の主人公たちの生き様が綺麗過ぎないのもいい。その人物が「本当は」どんなことを考えていたのかという人生の真相に迫る。真相に迫るのは講談のあり方ではあるが、それを美談として表わすのではなく、洒脱に描くことで講談のダンディズムが表われてくる。

更に、義士伝は何も赤穂側ばかりでなく、命をかけて主君を守ろうとした吉良家の付け人もまた義士の内であり、その姿もとらえるべきだという考えから、『三河義士伝』と名付け、『花見の付け人』や『吉良の料理人』『敵の倅』という話を演じている。講談では「義士伝」と呼んでいる物語は、どうしても日本人の判官びいきという奴で、注目したくなるのは四十七士側になる。だが、吉良を守った側にも武士の本分はあったのだから、そこに迫るのも「義士伝」であるという思いには、義士伝のダンディズムが表われていると言えよう。

神田愛山の高座というと、その語り口や話す内容、更に描き出す世界の魅力が取り上げられることもまた多いが、他の会場では真正面から、墨亭では脇から眺めていて感じるのは、手の動きが綺麗であるということも付け加えておきたい。

登場人物の行方を定めるために差し出す手や、地を語る時に釈台に寄せる手。語り込む時に膝で拍子を取る手に、高座に上がり、釈台の端に張り扇と扇子を丁寧に置いて、読み始めるまでに見せる手の動き……と、その柔らかな動きに目が行ってしまう。連続物として改めて取り組んでいる『双蝶々廓日記』でも、関取や遊女、旦那に若旦那のその時の心情をセリフとともに手で見せる（魅せる）姿に、実は注目していたりする。

以前は良く読んでいた「ドキュメント講談」や「品川陽吉伝」、「講談私小説」に『花川戸助六伝』に『甲州遊侠伝』、更に結城昌治作品では、どんな「手」を見せていくのか、毎回の高座が楽しみでならない。

そんな神田愛山という、講釈を引っ提げた武士と同じ時代を過ごせることに感謝し、これからどんな講釈を聞かせてくれるのか。その高座姿には神田愛山VS講談を感じ、神田愛山VS聴き手のあり方があり、それをも楽しんでいければと思っている。

15 現代講釈師列伝・宝井琴星

硬い読み口というのがある。武芸物や修羅場、お家騒動といった話を、形を崩すことなく、また感情移入よりもリズムや調子を優先させて読み進めていく語り口と言えばよいだろうか。先年亡くなった六代目宝井馬琴や一龍斎貞水の読みにはそれを強く感じた。近年であれば神田松鯉がそうであるが、ここ数年、笑いの多い話や世話物も好んで読むようになり、どちらかというと、硬軟自在の講釈師となった。今、硬い読み口というと、二ツ目ではあるが宝井梅湯にそれを感じる。

それとは反対となると、軟らかい読み口という言い方になるのだろうが、言わんとするのは、世話物や笑いの多い話、わかりやすさを心掛けていく読み口で、女性講釈師が多くを占めるようになった今、こちらの読みの方が多くなったような気がする。

東京の講談は軍談物がはじまりだけに、どちらかというと硬い読み口が好まれてきた。寄席等でトリを務める者は修羅場で締めるという不文律があるのには、そういう考えもあったからであろう。今も若手で言えば、一龍斎貞橘や宝井梅湯はそれを守っている。

先に挙げた六代目宝井馬琴、そしてその師匠である五代目は硬い読み口であった。現在活躍しているその弟子はというと、五代目の弟子宝井琴調は軟らかな読み口で、武芸物や侠客物であっても、舞台や主人公を柔らかく包み込むような読みが魅力であり、宝井琴柳は元は小金井芦州の弟子であったことから、格調高い、どちらかというと硬い読み口である。

ここにもう一人、宝井琴星がいる。琴星の読みは硬軟のどちらかというより、いつもグミのように感じる。柔らかくはあるが、弾力があるだけに噛みしめる度に味わいが出てくる。宝井のお家芸である軍談物も手掛けるが、やはり琴星というと、何を読むかわからない新作講談が楽しみとも言える。何しろ琴星の高座に接していて、同じ演目に出会ったことがない。勿論、追っかけ続けていれば、重なる演目もあろうが、大抵は異なる演目を聴かせてくれる。

近々で言えば、古典であれば『雲居禅師』に『八丈島物語』、『梶川与惣兵衛』あたりを硬いとまではいかないが、確かな読み口の中に滑稽さがにじみ出てくるように、わかりやすく聴かせてくれた。

一方で新作はいうと、横浜市営地下鉄「舞岡駅」の名の由来を源頼朝の挙兵にはじまる歴史とともに掘り下げていく『舞岡の由来』。四国を治めた長曽我部氏の生き様を描いた話かと思えば、そこから急展開して徳島の阿波踊りの話になる『阿波踊りの由来』。鳥居忠英という大名が下野国の壬生藩に国替えとなった際に干瓢を名物にしたという『干瓢大名』。この話はまた、干瓢好きで知られる神田菫花との干瓢トークに着想を得て創作したと聞いているが、そもそもの干瓢トークというのがまた気になる。そして、「ロミオ、あなたは何故ロミオなの」と釈台の前で呼び掛ける、シェイクスピアの代表作『ロミオとジュリエット』に、かつて創作した『キリストの墓』といった話も演じ直しているらしいので、琴星講談を挙げ出したらキリがない。

また「講談師 宝井琴星の星に願いを」というブログを開設しており、それをチェックしていると、今度はどんな話を作ろうとしているのかも見えてくるようで、一体、その話はいつ聴けるんだ！どんな話に仕上がるんだ！という期待もふくらんでくる。

ケレン味たっぷりで、物語的には時に寄り道をしながら、そういう時にはあくまでも飄々としてはいるが、主テーマに迫る際には的確に読み上げて行くという、いわば緊張と緩和のバランスがまた持ち味と言え、いつもその高座を楽しみにしてしまうのである。

更に、更にだ。「宝井琴星の手作り新作講談集」なる私製本も出しており、『山東京伝』に『ミケランジェロ』などを個人的に入手したことがある。著作権フリーとまでは行かないが、興味を持った読み手がいれば、それを自由に読んでも良いという、講談の拡がりまでを視野に入れている点もうれしい。

弟子の宝井琴鶴も、そんな師匠のいい部分を盗んでいて、〝独演会では修羅場は必ず読む〟という信念を持ちながら、もう一席は軟らかい演目を読むこともあり、そのマクラを含めて、独特な解釈と読みがまた興味深い。

さて、宝井琴星、次の高座では何を聴かせてくれるのか。今の講談を楽しみたい理由がここにもある。

16 現代講釈師列伝・宝井琴桜

東京の講談界で女性講釈師が定着し、かつ趨勢を誇るようになった要因に、宝井琴桜の存在があったことは大きい。同期には2020年に鬼籍に入った神田翠月がいたが、別項でも記したように、翠月が女性による伝統的男性講釈の世界に迫っていく姿を打ち立てたとすれば、琴桜は女性視点による歴史の再認識。そして、本人もジェンダー講談とうたうように、女性の自立や自立していく姿に迫った講談に取り組んできた。

勿論、五代目宝井馬琴門下として、いわゆる古典作品も読んでいるが、琴桜の琴桜たる代表作を挙げるとするならば、『民権ばあさん』や『かかあ衆声合わせ』といった社会運動で活躍した女性の姿を描いた作品や、『与謝野晶子伝』『瓜生岩子伝』のように、封建制が強くはびこった時代において、自身の活躍の場を見つけていった女性伝になるのではないだろうか。

その読み口は柔らかくも強い。かつては社会に対する読みを意識してなのか、どこかとげとげしさを感じたこともあったが、最近は女性を見守るがごとく、優しくも厳しい目を持つ、両の感情の表現としてバランスのいい行き来が魅力である。

また琴桜の講談はストーリーに入り込みやすいのが魅力である。特に起伏や誇張のある読み口ではないが、その日に用意した物語のテーマには、紐のようなものが付いていて、聴き手と同じ側に立ち、その紐の引きを弱めたり強めたりする。弱めた時には「……という姿は、まるで宝井琴桜のようでして」といったケレンなどで、聴き手の緊張感を和らげ、ここぞという場面では紐を強く引っ張ることで話の展開に緊張感を与える。手綱さばきというのではなく、物語のテーマやストーリーの行方と結末を手繰り寄せていくといった、その一連のつながりとも言える、紐を引くような読み口が琴桜の描く世界観に自然とのめりこませる。

女性の活躍がまだまだであった時代に、後に師匠となる田辺一鶴に誘われて、講釈師となり、恐らく一鶴先生のことだから、スカウトはしたものの面倒は……という奴だと思うのだが、「女性が」「女性なんて」「女性のくせに」と言われたことも度々であっただろう。まだまだ社会全体が男性中心の社会であった時代に、特に講談のような封建的な世界の中で、苦労や考えることも多かったに違いない。そのあたりは『張扇一筋ジェンダー講談』(悠飛社)に詳しいが、それこそ、その苦労談や納得のできない運命といったものについては、これまた十八番である『豊竹呂昇（呂昇物語）』で読まれるように、修業の合間に降りかかってきた不遇な人生にもめげずに、一人の男により命と運命を救われて芸に邁進していくといった名人への道にも重なるものがあったかも知れない。その一人の男であり、同志が夫である宝井琴梅としたら言い過ぎであろうか。

講談界も歴史を経て、随分と様変わりをしてきているが、まだまだ講釈原理主義のはびこる中、女性が演じるべき講談の姿。勿論、その表現こそ、原理主義の表われとも言えるが、一つの形を与え得たことは、近年の講談界にとって大きな道となったはずだ。

宝井琴桜の柔らかくも、厳しい視線を持つ講談を聴き逃してはならない。

17　現代講釈師若手四天王に注目

芸の上での好敵手というのがある。

野球で言えば、古くは長嶋茂雄と王貞治。プロレスで言えばジャイアント馬場とアントニオ猪木。落語で言えば、五代目古今亭志ん生と八代目桂文楽と、互いが持っている力で芸のしのぎを削る存在で、そうした好敵手が現れると、業界全体も活況を呈してくる。

落語界の話になるが、1960年代に30代を迎えようとする四人の若手を指して、「落語若手四天王」と呼び、話題を呼んだ。その四人とは、五代目春風亭柳朝、三代目古今亭志ん朝、七代目立川談志、五代目三遊亭圓楽で、後に柳朝の代わりに、八代目橘家圓蔵(当時、月の家圓鏡)を数えるようになったが、圓蔵までの5人を入れて「若手四天王」としても問題はあるまい。

当時、落語界の中心にあった明治・大正生まれの落語家と戦後生まれの落語家を繋ぎ、かつ確かな芸の継承、更に当時の人気と活躍を込めて括った訳だが、圓蔵が晩年よく高座で口にしていたように、この四人はまた、志ん朝はうまい落語家、談志は達者な落語家、自分(圓蔵)は面白い落語家と異なる個性を打ち出し得ている(圓楽と柳朝はどうなるのかという疑問は残るが、個人的には圓楽が達者な落語家で、談志は落語を愛した落語家と考えている)。

講談界ではそのような括られ方をすることはあまり多くなく、戦後「若手三羽烏」として、五代目一龍斎貞丈、五代目宝井馬琴、七代目一龍斎貞山の名が挙がった位だろうか。そこには戦後衰退をしていく講談界を憂い、期待がかけられた三人という意味合いがあったと思われる。

では、昨今の「伯山ムーブメント」による講談人気において、同じように三羽烏なり、四天王と呼べる講釈師がいるか。勿論、先に枠組みを作り、そこに人材を入れ込んでいくという無理矢理な選定もあろうが、そうではなく、この三人ないしは四人に期待を込めて「四天王」と呼べる人がいるかということだ。

実はそんな四人の若手がいる。若手と言っても、すでにアラフィフ世代であるが、定年のある会社員とは異なり、活躍期の長い芸界においてアラフィフはまだまだ中堅どころ。それこそ期待のできる存在が並べられる。

その四人は、一龍斎貞橘、神田春陽、田辺鶴遊とここまではスラリと挙がり、やはりそこに神田伯山を入れるべきかを考えてしまう。

落語若手四天王を例に取れば、メディアの売れっ子で、芸に加えて鼻っ柱が強く、どこかその生き様も似ているように感じる立川談志が伯山に当たるように思うからだ。

弟子の活躍の場を考えて、自ら寄席を作った圓楽に似ているのは、木馬亭講談会などを主催する貞橘。尊敬していた八代目春風亭柳枝のようにスマートな芸風と実際の師であった圓生の硬い芸風に、独自のクスグリを入れて緊張感をなごます圓楽の姿ともどこか似ていなくもない。

一見するとケレン味が強そうに見えて、自分流の講釈を考え、講釈のリズムと声質を大切にする高座で魅力の神田春陽は古今亭志ん

『徳川天一坊』をはじめ、確かな形で講談を継承する神田春陽

朝か。世間に広い視線を持ち、それに皮肉やユーモアを加えたマクラを披露する姿はまた談志に似ていなくもない。

となれば、面白くて、聴き手に飛び込んでくるような講釈の代表は田辺鶴遊となる。師匠一鶴の恩恵を受けて、様々な形で講釈の魅力を広げ、読み物も連続物をはじめ、笑いの多い話を客席を和ませるように聴かせる。住んでいる所も故・圓蔵の家と近いのも偶然か。

と挙げてはみたが、勿論、何も無理矢理「落語四天王」と比する必要はなく、年齢も芸歴も比較的近く、個性の異なる四人が講釈を継承していくという強いベクトルを持って臨んでいけば、それが強みになっていくだろう。特に、女性講釈師が主軸にあるような現在の講釈の世界にあって、男性講釈師の頑張りも必要なだけに、男性講釈師ここにあり!という形で、日本人の好きな「四天王」という括りで挙げてみた次第だ。

右で挙げた四人の枠の中に入れるべきかどうか迷ったのが、田辺凌鶴と宝井梅湯だ。

凌鶴は古典も読むが、やはり毎月の様にネタ下ろしをしている新作講談が売りで、ユニークな作品も送り出している。講釈師は「今」を意識して作品に臨んでいくことも大切であり、それを実践しているのが凌鶴であり、やはり同時代を生きる頼もしい講釈師である。

一方で、四人とは若干芸歴で差があり、また現段階では二ツ目である宝井梅湯も、四天王枠に入れても全く遜色がない。別項で記したが、『宋朝水滸伝』や『甲越軍記』、『藪原検校』といった連続物を読み、武芸物も手堅く読む。また、四天王のメンバーとしても、一龍斎、神田、田辺と来れば、宝井が加わることでバランスも良いし、芸風も異なるだけに、四人の個性のばらつきが目立ってくる。真打になるまでの間に、更に実力を付けてくれれば、上の世代もオチオチとはしていられないだろう。

先にも記したが、落語四天王が時を経て、春風亭柳朝から橘家圓蔵に変わっていったように、講釈師若手四天王も時代に応じて変わっていくのも面白い。あと5年後、10年後に、この構図がどう変わっていくのか。それを考えるだけでもワクワクするのも事実であり、しっかりと追っていかねばならないと改めて思っている。

18　女性講釈師はどこへ向かうのか

個人的に「女流」という言い方が以前より好きではなく(男性が主にあって、そこから女性が、ある種、異種の様に現われてきたというイメージがあるため)、普段から講釈師に関しても「女性講釈師」と呼んでいる。そもそも、今や東京、上方を問わず、講談界の半数以上が女性であるのだから、その言い方も既に似つかわしくない。

落語と同じように、男性社会として成り立ってきた講談界に女性が登場するのは、記録的には明治時代にさかのぼることができる。明治の大家、松林伯知の弟子に圓月女という女性がいたことが確認でき、昭和に入ってからもメディアで活躍した大島伯鶴に大島朝玉女という弟子がいた。しかし、それは昔のこと。生涯の職業にする者はおらず、結婚をしたら家に入るというパターンが多く、女性講釈師が名を馳せ、修業をし続ける者は皆無に等しかった。

それが昭和も後半に入り、田辺一鶴が講談界の将来のためにと、自らスカウトして入門させたのが、後の宝井琴桜、神田翠月、少し遅れて天の夕づるであった。琴桜は現役だが、翠月は別項でも記したように２０２０年に他界。夕づるもこれまた別項で示したが、１９８０年に廃業をしている。そしてこの琴桜と翠月が女性講釈師で最初に真打になり(琴桜は80年、翠月は81年に昇進)、女性講釈の道を作り続けてきた訳だ。

そうした講釈界への動きに続いたのが二代目神田山陽で、後の陽子、紫、紅、香織、すみれという女性を入門させ、紫と紅などには「カンダーラ」といった、今で言うユニットを組ませて、自身の立体講談にも積極的に出演させた。それぞれがメディアで取り上げられるようになった一方で、山陽は女性が演じやすい講談を作り、講談の特有とも言える口調を体系化させ、英才教育を行なっていった。

つまり、現在の女性講釈師の位置を確立したのは、琴桜、翠月の「第一世代」と、名将二代目山陽が率いた陽子、紫、紅の「第二世代」がそれに続いたことにあると言える。

一龍斎貞鳳が『講釈師ただいま24人』という著作を出し、講釈師の数が減り、このままでは滅びてしまうと懸念する時代もあったが、山陽、一鶴による女性講釈師の採用でその数は増えていった。マスコミでも取り上げられ、話す、喋るということにも注目されると、女性講釈師の数はますます増えていく。

平成4年（1992）に声優として大きく名を売った二人が一龍斎貞水門下に入る。『宇宙戦艦ヤマト』の雪の声を担当した麻上洋子が一龍斎春水として、『忍たま乱太郎』のしんべえ役を務めた鈴木みえが一龍斎貞友として入門。

更に男性講釈が入門しては辞めていく時代に高座に花を咲かせ、本牧亭がその看板を下ろす頃までの入門者を「第三世代」とすれば良いか。講談協会で言えば、田辺一邑、宝井梅福、神田織音、宝井一凛がそれに当たる。正直なところを記せば、メディア受けする個性は少ないが、実力者は多い。

田辺派の講談を受け継ぎ、出身の浜松ばかりでなく、各地の偉人について情愛を込めて読み上げる田辺一邑。そのやさしい読み口の奥に垣間見られる登場人物の熱量が魅力の講釈師だ。

若い頃には自作の青春物を演じていたが、第一世代の神田翠月から受け継いだネタをはじめ、連続物にも果敢にのぞんでいる神田織音。別項でも記したが、織音の読み口と話に対する姿勢は次の世代が参考にすべきであり、一門の先輩であるポスト翠月に当たり、次世代のけん引役になる存在であると思っている。

一方の日本講談協会では、神田昌味、山吹、阿久鯉あたりが、その世代に当たるか。晩年の山陽の薫陶を受け、神田派に伝わる女性向けの講談の他、自作を持ち味とし、阿久鯉は松鯉門下にあって武芸物に世話物と連続物にも臨み、神田派の次世代の手本となるべく存在として、協会こそ違え、織音、阿久鯉が力強い存在として、女性講談の道を突き進んでいくのだろうと考える。

そうなると現在、邁進中の若手が「第四世代」と言えようか。武芸物、金襖物の一龍斎にあって、侠客物にも果敢に挑む一龍斎貞寿。宝井に伝わる軍談物や師琴星の新作を引き継ぐ宝井琴鶴。これまた翠月譲りのネタに『西遊記』や『甲越軍記』といった連続物に、どこか飄々とした様子で高座にのぞむ神田菫花。

二ツ目も一龍斎貞弥、一龍斎貞鏡という貞の字畑を守る存在もあれば、既に実力と人気たっぷりで、男の講談を臆することなく自分のものにしている田辺いちか。日本講談協会には、歴女パワーで新作を作り続ける神田真紅に、元気印で師匠紅のネタを継承し、独自の道を見つけようとしている神田紅佳。今後もアニメやマンガの世界を講談に持ち込むのかの神田桜子と、女性だから、男性だからと区別するのは、もはや時代にそぐわないのかも知れないが、かつては男の世界と強く考えられていた講談の世界に、既に女性の語る講談は強く根を張り、新芽を出しながら、太い幹となり、新しい花も咲かせているのは間違いない。

男性講釈師の入門はあるが、やはり女性の方が腹のくくり方が違うのだろうか。したたかに講釈の世界で自分の読むべき講談を見つけ、自分の立ち位置をも見つけている。

ここで勝手に区分けした、世代を超えての競い合いも見てみたいし、上の世代が下の世代、その逆の演目の継承等も見てみたい。女性講釈師の活躍はこれからもメインとなって続いていくだろうし、そこから生まれてくる存在からも目は離せない。

19　若手講釈師群像・田辺いちか

田辺いちかの講釈は、歴史を生きた人々の姿が浮かび上がる力を持っている。そして田辺いちかは、常々、侍であると思っている。

講釈を読む上で、男の姿を男の生きざまをもって読むことができ、今の時代、語弊がある表現かも知れないが、男が理想とする女性の姿を描くこともできる。そして、それらの人物表現がくどくなく、ズバッと無駄のないひと言で表現してみせる。更に、余計なマクラも振らずに本題へ入っていく様や、高座前に戦闘着たる着物を身につけてから、おもむろに見せる鋭い目力を前にすると、オチオチしているとこちらが斬られるのではないかと思え、いちかには不用意に背を見せないようにしている。

と、そんなことを思いながらも、ふと見せる笑顔にホッとさせられるのも正直なところだが、それで油断をしていると、突如またキッとした目に変わり、侍ッ気を感じる。そんな時、右手に持つ

講談侍の田辺いちか

張り扇が刀に見えてくる。講談を斬る刀にだ。

〝田辺いちかは田辺いちかを演じている〟と、どこかで話されていたが、その実、侍が田辺いちかに化けているに違いない。斬られたら痛いので、できれば斬られたくはないが、田辺いちかの講釈で斬られるのであれば、それはそれで本望でもある。

毎回、そんないちかの高座の斬れ味が楽しみだ。ネタ下ろしに、これまで読んできた話の洗濯。それに自ら掘り起こしてきた演目と、今日はどんな講釈を披露してくれるのか。いちかの高座に対する期待度はとても高い。

確かな講釈を読めるのもいちかの強みであり、修羅場や武芸物といった必須の講談はもちろんのこと、世話物や現代物まで、歴代の名人に感じ取ることができるリズムやアクセントを持ち合わせているので、言葉が物語を伴ってぶつかってくる。侍で言えば、刀を抜いて、こちらに向かってくる姿に似ており、それが田辺いちかの大きな魅力でもある。

最近、聴いた中では、『快男児～仁礼半九郎』と『火消しと男爵』が印象に残っている。人間の強さと弱さを通して見る一人の男の人生。男の生き方を女性が描くといったものではなく、男の生き方に講釈師の目線で迫って見せる。だからこそ、真面目一辺倒である薩摩隼人の軍人である仁礼半九郎のちょっとだけ不器用な生き方や恋心につい夢中になってしまい、また、1932年のロサンゼルスオリンピックの馬術で優勝をしながらも、後に悲劇の道を歩むことになった西竹一（バロン西）と、硫黄島という激戦地で偶然に再会する火消し。そんな二人の男の交差する人生の向こうに映し出される悲しい結末に身につまされた。

また、「講談中興の祖」とも称される二代目松林伯圓の名演で知られる『安政三組盃』も、その発端である、美人で名高い津の国惣兵衛の一人娘、お染が登場する『羽子板娘』ばかりでなく、その後のお染の数奇な人生を描く『臆病武士』に『間抜けな泥棒』『大蔵の失脚』などを連続で読んでいく腕からすると、人の情の塊とも言える「義士伝」の連続読みをまた期待したいし、聴いてみたい。

2021年は、いちかにとって大師匠にあたる田辺一鶴の十三回忌にあたる。そのような年に、一門からは孫弟子の田辺銀冶が真打となり、田辺凌天も二ツ目に昇進した。そろそろ一鶴を知らない世代（銀冶は元は直弟子だが）が、講談界では神田派とともに古い歴史を持つ「田辺派」を支え始めている。

私が、生前、田辺一鶴にお世話になったことを、最初にいちかに話した時、「大師匠が迷惑をお掛けしまして……」と返してきたのに、思わず笑ってしまった。お世話にもなったが、夜中に電話を掛けてきて「道中付けをこしらえたから聞いてくれ」と言ってきたり、確かに他にも迷惑を被ったからだ(笑)。

だが、一鶴先生には絶えず〝力〟をもらった。創作に臨み続ける姿勢や、外国で講談会を開いたりとチャレンジし続ける精神。120歳まで生きる!という気概にも生きるための力を感じた。

田辺いちかは芸歴的には一鶴とは重ならないが、講釈に対する強い思いは大師匠に通じるものがある。一鶴先生に恩は返せなかったが、その分、いちかを応援したいと思っている。

20 若手講釈師群像・神田紅佳

壮大なストーリーの中の一節を、自分の思いや考え、更に、見聞きしてきたものを盛り込みながら、あくまでも物語を軸に読み伝えていく講談が神田紅佳には似合うのではないかと、ずっと思っている。

直近では、『高炉の神様・田中熊吉』や『元寇・神風は吹いたか』といった、師・神田紅譲りの話を読んできたが、勿論、それはそれで楽しく聴けるのだが、紅佳のフィールドからすると、ちょっと狭苦しく感じることもあった。アナウンサーやキャスターとして、日本ばかりでなく、韓国の歴史や文化を自分の言葉で伝えてきただけに、もっとその経験なりを講談で活かしていくべきだと思っているからだ。

例えば、『南総里見八犬伝』の「八犬士誕生」を聴いたのだが、これが実によかった。講談は「読む」と言うが、『八犬伝』という大きな「物語」をしっかりと読み語っていた。物語の全体像とまでは行かないが、今後の展開を踏まえて、その場面の楽しさを一定の枠内で「読み」伝えていたのだ。これは取材メモに基づき、決められた時間枠の中で何を伝えて行けばよいかという、キャスターが抱える宿命に似ているも、講釈師に必要な、次にどんな展開が待っているのだろうという期待をも忍ばせていた。『八犬伝』に関しては、ぜひ、その続きを聴きたい。

今を語ってほしい神田紅佳の高座姿

また、講談の面白さは伝えられる史実を講釈師が自分の言葉でどう読んでいくかにある。となれば、日韓両国でアナウンサーやライターをしていた経験を持つ紅佳には、実は講談という手法はピッタリであり、ここ最近の高座に接していると、これまで知らなかった歴史や裏話を様々な角度から聴かせてくれる様子に、講釈師としてのたくましさを感じることができる。

扱う題材にしても黒田如水に春日局に元寇と、今日はどんな話を聴かせてくれるのか、いつも楽しみにしている。中でも個人的には、『オリンピックの由来』が今の神田紅佳を代表する一席になると思っている。紀元前のローマを中心とした話であるが、講談として、まず歴史を読むという基本姿勢を外していない。地の文での語りに、自分の言葉を添えて話していく形式だ。読み込む時間軸をベースに、起こっている事実を筋道立てて話してみせるのは、アナウンサー時代の賜物とも言えるだろう。

女性講釈師というと、やはり世話物に逃げる風潮が無きにしもあらずだが、先に挙げた演目とともに、歴史を自分の言葉で読めるのは強い。ただし、表現上、ややくどくなるきらいがあるが、それは神田紅佳の持ち味だけに仕方がない。

そして、神田紅佳の魅力は、「今」を語りたがっているところにあるのも注目だ。

前職で世の中で起こっていることを、自分の目と足で調べ、確かめ、それを語ってきた。本人はその道を更に突き進むために、今を語り続けられる講釈師という道を選んだのだろうが、今を語るのは大変なことである。講談の世界に目を向ければ、語り継がれてきた、いわゆる古典作品が多々あり、今を知るにはテレビやラジオどころか、即時性が第一のネットがあるからだ。

だが、事実を事実として語るのと、自分の言葉で伝えていくというのでは異なる。そうした時、神田紅佳という講釈師が、世の中のあらゆる題材をネタに、講釈で何を読んでくのかは注目に値する。

そんなことを思っている最中、芥川龍之介の『蜘蛛の糸』を読んで見せた。芥川の小説の手法は、いわゆる地の文にあたる事実説明部に、語り手である芥川の思いや考えといったものを織り込んでいく。そうした意味では芥川の小説は講釈に近似していなくもない。

その代表作『蜘蛛の糸』の原作をあくまでも活かし、紅佳は講談特有の現在進行形で伝えてみせた。つまり『蜘蛛の糸』の実況ではないが、目の前に起こる世界として描いて見せたのだ。それを聴いた時、「次は『羅生門』だな」と思った。

ただし、この語りはバランスを失うと、朗読になってしまうきらいがある。原作者の芥川と語り手である紅佳の視線を含め、この話を膨らませていけば、更に講談らしくなるだろうと感じた。

古典作品にせよ、新作にせよ、今を生きる聴き手にどんな形で話を伝えていき、かつ講談の楽しさをそこに加味していくのか。神田紅佳の実験はまだまだ続いていく。

21　若手講釈師群像・宝井梅湯

女性講談師隆盛とも言える時代がいまだ続く中、２０２１年現在、唯一の男性二ツ目講談師として活躍しているのが宝井梅湯だ。しかも、唯一の宝井派の若手男性講談師でもある。

とにかくその存在は頼もしい。『関東七人男』や『甲越軍記』を読み終えたかと思えば、今は『大坂軍記』に、物語ばかりか、その質量ともに膨大とも言える『宋朝水滸伝』といった連続物に取り組み、更に端物（一席物）として世話物なども高座にかけている。

そして、講談師の魂とも言える修羅場を、いかにも宝井の修羅場といった感じで滔々と読み進める姿からは、近い将来に来たるべき講談黄金時代の姿を彷彿とさせないでもない。

いや、大袈裟ではない。読み口も高座姿も、普段の無口で朴訥なところからすると、講談師というより、講釈に果敢に臨み続ける「好男子」と言うこともできる。

山形の名湯・赤湯の出身で、宝井琴梅の弟子であるから「梅湯」。落語家になりたいと上京したが、講談に触れ、講談に魅力を感じ、釈界に飛び込んだ。その漢なる姿からすれば、落語よりは講談に向いていると思えて仕方がない。

今、墨亭で、「ぜひとも『藪原検校』を！」とお願いし、全12席を連続で読んでもらっている。『藪原』をリクエストしたのは、以前に聞いた、人間の本性に迫っていく硬軟自在の読み口が印象に残ったからだ。また、市川猿之助主演のＰＡＲＣＯ公演が評判を呼んだだけに、講談と芝居の違いを楽しむのにもいい。個人的には井上ひさし・作、栗山民也・演出で、野村萬斎が主役を務めた、カラッとした影を背負った虚「光」の中を駆け巡る藪原のイメージの方が強いが、梅湯演じる藪原もまたそれに近い。

これまで繰り返し記しているが、講談の楽しみの一つは連続物にある。そして、その続きは？というところで迎える切れ場。梅湯のグッと飲み込む感じで、勿体ぶった切れ場が、いつも次回を期待させる。

不謹慎かも知れないが、悪人伝はどれだけいさぎよく悪事を行なえるかどうかに、主人公の言動と姿に聴き手が左右されるところに面白さがある。それには読み手の迫力も必要だ。そうした意味では、梅湯は読みに入ると、悪人のオーラを背負うのがいい。勿論、いい意味でだ。読み手として物語の全体像をつかんでいるのは言わずもがなで、登場人物、特に主人公の心理が腹に落ちているからこその描写力が、今回の『藪原検校』にも活きている。

その張り扇で次は何を読むのか

一方で、全50席というボリュームで、全段読み終えるまでに5年はかかるという壮大な計画を持って臨んでいる『宋朝水滸伝』は、雄々しく、果敢な姿とともに、時に羽目を外す様子を見せる、いたって人間的な滑稽味を感じさせる登場人物の暗躍が楽しい。

長いストーリーだけに、聞き逃した

箇所があっても、マクラで説明するあらすじばかりでなく、その回の登場人物のバックヤードが見えてくる語り口が、講談としてのストーリーの展開を支えている。加えて、梅湯自身、一つの作品を掘り下げていくタイプのようで、仮に聞き逃したとしても、近い日にちに他の会場で聴くことができるので、安心感もある。

さて、狙うは次代の宝井馬琴か。宝井梅湯への期待の大きさは計り知れない。梅湯の重厚な読み口に憧れて、それに続く講釈師が現れれば、講談界も安泰だと思える。

22　来たれ！　若手男性講釈師

昨今のご時世に、古典芸能の世界での男性の数と女性の数を比べるというのもどうかとは思うが、それにしても講談界においての男性の数の激減とも言える状況はなんとかならないものかと思っている。

真打に関しては大ベテランから中堅、若手と揃っているが、これが二ツ目になると、東京の講談界では宝井梅湯ただ一人。前座にあるのは、神田松麻呂(松鯉門下)と、神田伊織(香織門下)、一龍斎貞司、貞介(ともに貞心門下)の3名である。

特に前座に関しては、その数が減って来ると、このままだと前座がいなくなってしまうのではないかという問題にも影響してくる訳で、10年後、20年後を考えると、果たして講釈師の数がどうなっているのかは、やはり気になってしまう。

2021年10月から神田伯山が弟子を取り始めると宣言しているが、人気者の伯山だけに、憧れて門を叩く者も少なくないだろうが、そこはやはり厳しい芸の世界。伯山のタレント性への憧れだけで続いていくはずはなく、講釈師としての修業を続けていける前座がどれだけ残っていけるかもキーにはなってくる。

近年の傾向を見ると、女性の入門者は意気込みや決意があり、腹の座った人が多いだけに長続きしているが、これが男性となると、男子一生の仕事にしようという強い意志を持つ者は多くないのか、それとも一度やってみてダメなら引き返せばいいという考えもあるのか、そうした点でもいつの時代も女性の信念は揺らぎないのだ。

勿論、芸の世界に男も女もなく、こんなことを記すと、女性蔑視と取られてしまうかも知れないが、やはり講談特有の修羅場であったり、侠客が啖呵を切る場面などはドッシリとした男の声には敵わないといった感がどうしても強い。

この一年で貞水、貞山とベテランが鬼籍に入ったが、まだまだ釈場で修業をし、往年の釈場の雰囲気を残す男性講釈師も多い。そうした大ベテランと同じ空気を吸い、話の稽古をつけてももらえるのは貴重である。また実力のある若手、中堅クラスも確実に足固めを続けている。

注文があるとしたら、田辺凌鶴、一龍斎貞橘、神田春陽、田辺鶴遊、神田山緑あたりが弟子を取り、また弟子入り希望の人も、そのあたりに入門を願っていくのもいいのではないだろうか。教えることは教えられることと言われるように、師匠になった若手真打の姿が新弟子を育て、また師匠の貫禄を備えていく様を見ていきたい。

話を作ることのできる人であれば、落語よりも筋立てがしっかりとしている講談の方が向いているかも知れず、浪曲の様に節がないという利点(?)もある。

男性どもよ、講釈を目指せ!

23 本牧亭はどんな寄席であったのか

いまだに講釈師や講談ファンの口の端にのぼる「本牧亭」。言わずと知れた、長く講談の定席を続けていた寄席だ。その成り立ち等は、様々なところで示されており、小島貞二著『上野本牧亭由来』(私家版)に詳しいが、今の鈴本演芸場の前身にあたり、安政4年(1857)に「軍談席」として設けられ、明治期に一度閉場するも、昭和25年に再開された寄席である。

平成2年の閉席後も場所を移して「本牧亭」の名で営業をしているので、一概に「本牧亭」と言

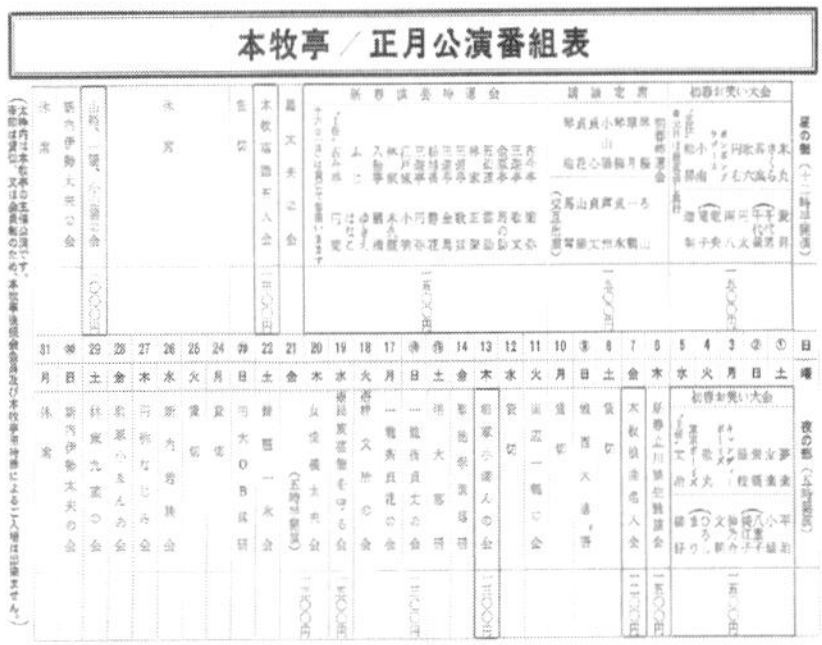

「ほんもく」のパンフレットと手あぶり

っても、その世代によって指す本牧亭は異なり、最近のファンはそれに混乱することもあるらしい。

大きく分けると、平成2年以前から講談に接していた人は「上野」本牧亭。平成4年以降からの人は「池之端」本牧亭。平成14年以降は「黒門町」本牧亭ということになろうか。

私が知っているのは「上野」本牧亭からだ。冒頭でも記したが、上野広小路の交差点を鈴本演芸場方面に進み、左に二本目の細い路地を進む。今も営業する「とんかつ武蔵野」の前あたりがその入口で、私の頃はその古風な趣は残しながらの鉄筋ビルであった。

〝私の頃は〟としたのは、それまでに二度（昭和35年と48年）、上野・本牧亭は改装しているからである。

夜は貸席で講談の会ばかりでなく、落語会や義太夫の会といったものも開かれており、月初の5日間の昼の部が講談定席であった。その内容の一部を次項に載せたので、ご覧いただきたい。

一階正面玄関を入ると、正面がモギリ、その横で靴を脱ぐと下足番の名物おじさん（お爺さん）がいて、下足札を受け取る。目の前の幅広の階段を上り、途中で折り返すと、演芸場の上手後方に出る。出たところは畳ではなく板間。最後方には長椅子が置いてあった。階段の反対側に売店があり、当時はまだ場内でタバコが吸えたので、煙草盆を貸してくれた（のだと思う）。当時は未成年だったので、その値段をはじめ、記憶は薄く、また小さなヤカンに入ったお茶受け付きの茶代は200円だったか、300円だったか。当時は中学から高校にかけての小遣いをもらう身分であったので、そんな贅沢はできなかった。手あぶりも貸してくれて、今、それが手元にある（写真参照）。

高座への出はけは下手側から。楽屋は高座の真後ろにあり、その様子は森田芳光監督による、若手落語家の青春群像を描いた映画『の・ようなもの』でチラリと拝むことができる。

噂によく出る、寝転がって聴いている人はいなかった、と思う。昔は枕も貸したというが、常連らしき人が壁際に背をつけて聴いている姿は記憶にある。そういう風景を前に、ここは大人の遊び場なんだなあと思ったものだ。一階にあった料理屋や将棋クラブについても、入口がそこにあったなあという位のもので、思い出はほぼない。

昭和30年代の席の様子を描いた小説が、安藤鶴夫が直木賞を受賞した『巷談本牧亭』で、その席亭を務めたのが石井英子。小説の中に登場するおひでさんである。『本牧亭の火は消えず』という著書を残しており、舞台裏からの本牧亭の姿と歩みを知ることができるのが貴重だ。令和3年に文庫本として復刻された。

二代目席亭が石井の長女で、曲芸の春本助治郎（助次郎）との間に生まれた清水孝子で、上野の一等地にあったことから、相続税の問題等々があり、席を畳むことを決断。そのお名残公演の最終日に三代目神田山陽が二代目の門を叩いたのは知られるところである。

だが、畳んだのは本牧亭という建物だけであり、二年後には近くの料理屋の二階で「池之端」本牧亭をオープンした。飲み屋が並ぶ雑多な町の中にあった、一見古風な感じの建物であり、二代目山陽以降の今の中堅どころが修行をしたのが、この本牧亭としていいだろう。その「池之端」で修業経験のある神田春陽が、初めて向じま墨亭を訪れた時に「池之端に似ている」と話していたのが印象的であった。「池之端」の定員は30名。今思い返せば、そんなに入ったのかと思ってしまうが、そんなところも定員25名の墨亭と似ているところなのかも知れない。

その後、小屋形式としては最後に移動した先が元の地名が黒門町であったことから、「黒門町」の本牧亭。今で言えば、どら焼きで有名なうさぎやの一本路地裏の角と言えばいいだろうか。落語協会の場所を知っていれば、上野方面から向かって、最後に右折する手前の角のビルの一階にあった日本料理屋本牧亭で開いていた。今も建物はそのままで、外見にその造りを残している。小さな箱のような高座が料理屋の入口脇の一角に据えられ、時間によっては客席の右手にあった厨房で仕込みが始まったりと、20名も入ればいっぱいの小屋であった。遠藤周作揮毫の看板が悠然と掲げられていた。

平成23年に経営悪化等の原因から、破産手続きを経て清算されてしまったが、今も若手が「本牧亭」という空間を懐かしむように、会の名称に「本牧」の名を使ったりと、講釈師にとっては故郷であり、聖地であり続けることは間違いない。

24 《資料》昭和61・62年の本牧亭風景～本牧亭の楽屋帳から

手元に、今は無き上野・本牧亭の楽屋帳がある。楽屋に置かれ、その日、誰が何を演じたのかを記しておく大福帳で、同じ演目や似た話を演じないようにする役割を担っている。

各寄席の楽屋に置いてあるもので、本牧亭の場合は講談の定席を行なっていた昼席と、貸席メインであった夜席の二冊に分かれていたようで、ここで紹介するのは、昭和61年7月～63年1月の昼席の記録である（昼席に行われていた落語会や講談の企画物についても記されている）。

別項で記したように、講談界が一本化されていた二代目神田山陽会長時代のもので、その一年の間には宝井琴調、神田愛山といった、今、大活躍のベテラン講釈師の真打昇進披露興行も行われており、毎月5日間とは言え、講談の定席公演が行われていた、古き釈場の雰囲気が伺える貴重な資料と言える。

尚、原則、帳面に記されているままに示すことにするが、明らかな間違いなどの表記は適宜修正した。

【昭和61年8月定席】

昭和61年8月6日・初日

振袖火事　ふづき

伊達鬼夫婦　紅

瓢箪屋裁き　琴柳

本牧亭の楽屋帳

五郎正宗　貞山

馬場の大盃　貞花

(中入り)

関東軍南部参謀石原莞爾　照山

お岩誕生　小山陽

昭和61年8月7日・二日目

五平菩薩　南陽

鉢の木　紅

柳生二蓋笠　貞山

幡随院長兵衛と桜川　小山陽
真柄のお秀　貞花
（中入り）
伊達の堪忍袋　一鶴
宗悦殺し〜投突き一番槍　琴柳

昭和61年8月8日・三日目
振袖火事　ふづき
マダム貞奴　紅
鼠小僧次郎吉　琴柳
幡随院長兵衛　小山陽
象のトンキー・ワンリー　貞花
（中入り）
怪談思い出噺　一鶴
江島屋騒動　貞山

昭和61年8月9日・四日目

振袖火事　ふづき
延命院の序　紅
万両婿　琴柳
沢村才八郎の出世　貞山
幡随院長兵衛と桜川　小山陽
（中入り）
若き日の平清盛　貞花
現代怪談　琴梅

昭和61年8月10日・千秋楽

振袖火事　ふづき
お富の貞操　紅
鋳かけ屋松五郎　琴柳
神崎与五郎　貞山
長兵衛と桜川五郎蔵　小山陽
（中入り）

中日五十年史　一鶴
お紺殺し　貞花

夏の高座と言えば、やはり怪談。落語にはない語りによる人物描写と、その行方を軸に据えたトリの演じる怪談もまた講談定席の風物詩である。

この年は初日から『お岩誕生（四谷怪談）』『宗悦殺し（真景累ヶ淵）』『江島屋騒動』、千秋楽には『お紺殺し（吉原百人斬り）』といった名作怪談が並んでいる。

四日目トリの宝井琴梅の演目は『現代怪談』。三日目の食い付き（中入り後）では田辺一鶴が『怪談思い出噺』という話を演じたことがわかるが、果たしてどんな内容であったのか。特に一鶴の場合は、いつもの明るい調子で、聴き手に飛び込むような高座であったのか。また反対に、この日ばかりはしっとりと演じたのか。そういったことを想像するのも楽しい。

また15日には終戦記念日も控えているため、先の大戦を扱った話を演じているのも講談の席ならではである。

初日には社会派講談を演じた神田照山が、その演目も『関東軍南部参謀石原莞爾』を。伝説もまた多い石原莞爾という軍人にどう斬り込んでいったのか。

三日目の中入り前では一龍斎貞花が、上野動物園で戦時猛獣処分を受け、最後に残った二頭の象、トンキーとワンリーを扱った「かわいそうなぞう」等で知られる話を演じている。

他にも、真夏の暑い日に自分の行く末を感じる『鋳かけ屋松五郎（鋳掛松）』や、これまた定席ならではの連続物として、現・神田松鯉の小山陽が二日目から『幡随院長兵衛』を読んでいるが、帳面からでは同じ場を読んだのか、違う場を読んだのかがわからない。

前座のふづきは現在の神田茜である。

【昭和61年9月定席】
昭和61年9月6日・初日
ジャンバルジャン　治山
お歌合わせ　ふづき
木津の勘助　陽子
永代橋奇聞　鶴生
出世浄瑠璃　琴星
蘇生の五平　琴梅
（中入り）
徂徠豆腐　芦州
鉄砲伝来記　琴桜

昭和61年9月7日・二日目
お歌合わせ　ふづき
出世の高松　一陽
魚屋本多　琴柳
瓢箪屋裁き　貞山
出世相撲　琴梅
（中入り）
野狐三次　芦州
立花誾千代　琴桜

昭和61年9月8日・三日目
宮本武蔵　南陽
安政三組盃・序　陽子
音羽の鐘　鶴生
五平菩薩　琴星
鯉のご意見　琴童
（中入り）

国定忠治・山形屋　芦州
郡上藩凌霜隊　琴桜

昭和61年9月9日・四日目
ジャンバルジャン　治山
春日局　陽子
三村の薪割り　鶴生
井伊直人　琴星
トクメンボール　琴梅
（中入り）
鎌倉星月夜　琴鶴
後三年の役　琴桜

昭和61年9月10日・千秋楽
竹千代物語　ふづき
武蔵の狼退治　南陽
巴御前　琴葉

本間の革財布　鶴生
五貫裁き　琴鶴
村越茂助　琴梅
（中入り）
山内一豊の妻　琴星
岩瀬御台　琴桜

女性講釈の草分け的存在の宝井琴桜主任の興行。

二日目の『立花誾千代《ぎんちよ》』は戦国時代の女性の物語。父親の戸次鑑連《べっきあきつら》は豊後の戦国大名である大友家の三宿老に数えられた人物であるが、嫡男がいなかったため、一人娘の誾千代に家督を継がせる。戦国の世で活躍を見せた女性で、琴桜ならではの歴史の中で運命を定められ、時代を揺るがせた女性の姿を描いた一席である。

三日目の『郡上藩凌霜隊』は、幕末に郡上藩を離れた藩士が結成し、戊辰戦争では旧幕府側として新政府軍と戦った部隊を扱った話。

千秋楽の『岩瀬御台』は、秋田藩の初代藩主を務めた佐竹義宣の側室で、後に横手で隠居した女性が主役。秋田県横手市岩瀬という住所にその名を残しているが、同じ横手市生まれの宝井琴桜にとっては、故郷を代表する戦国の世に翻弄された女性の姿を描いた作品と言える。

琴桜の兄弟子であり夫である琴梅は中入り前を務め、古典講談を演じているが、四日目には野球用具を扱った『トクメンボール（の由来）』を演じている。

前座に名前の見える神田治山は廃業。田辺鶴生はくも膜下出血で倒れ、平成13年に死去。

三日目に名前の見える琴童は現・宝井琴調。千秋楽に見える琴葉は現・宝井琴嶺である。

【昭和61年10月定席】

昭和61年10月6日・初日

武蔵の狼退治　南陽
義士銘々伝・菅谷半之丞　琴葉
鬼面山谷五郎　南北
高野長英獄中記　一陽
槍持ち甚兵衛　琴童
（中入り）
連続山崎軍記・本能寺　琴鶴
三代目神田伯山　貞丈

昭和61年10月7日・二日目

振袖火事　ふづき
出世浄瑠璃　琴葉
神崎与五郎詫び証文　南北
次郎長外伝荒神山　一陽
百万両宝の入舟　琴童
（中入り）
山崎軍記・安田作兵衛　琴鶴
男の花道　貞丈

昭和61年10月8日・三日目
権三郎虚無僧下り　南陽
番場の忠太郎　琴葉
燃える闘魂アントニオ猪木　南北
血煙り荒神山　一陽
村松喜兵衛　琴童
（中入り）
山崎軍記・斎藤の物見　琴鶴

亀甲縞大売出し　貞丈

昭和61年10月9日・四日目

谷風情け相撲　南陽
秋色桜　香織
血煙り荒神山　一陽
安兵衛婿入り　琴童
（中入り）
幡随院長兵衛　琴梅
浜野矩随　貞丈

昭和61年10月10日・千秋楽

権三郎海賊退治　南陽
大岡政談・親殺しの助命　琴葉
血煙り荒神山　一陽
木村長門守堪忍袋　琴童
（中入り）

山﨑合戦・明智湖水乗切り　琴梅
忠僕直助　貞丈

中入り後の並びが豪華だ。

トリの一龍斎貞丈は『男の花道』『亀甲縞大売出し』『浜野矩随』と端物(一席物)ではあるが、連日、十八番を演じている。そして、その前の食い付きであり、膝がわりの出番では、後に六代目宝井馬琴となる琴鶴が、千秋楽こそ休演しているものの、宝井の修羅場たる『山﨑軍記』の連続読みをしている。

中入り前を務めるのは、同じ馬琴一門の琴童。前年に師匠の五代目馬琴を亡くしており、この時は琴鶴(のちの六代目宝井馬琴)門下へ。この年に宝井琴調と名を改め、翌年に真打に昇進する。

その琴童の前では一陽、現在の神田愛山が「次郎長外伝」の名場面が揃う『荒神山』を連続で。現在は「蛤茶屋の間違い」「三本椎の木お峰の茶屋」「仁吉の離縁場」「仁吉の最期」「仁吉の焼香場」等と分けて読んでいるので、同じように5日間並べたのか。

琴童、一陽は同期で、今はその高座で互いのことをネタにして笑いを取ることがあるが、この時代の二人の高座での掛け合いも見てみたい。

一鶴門下の田辺南北は、義士伝の『神崎与五郎詫び証文』に、相撲物の『鬼面山谷五郎』を読んだかと思えば、大好きなプロレスを扱った『燃える男アントニオ猪木』を読んでみせるなど、その振り幅の広さがまた面白い。

【昭和61年11月定席】

昭和61年11月6日・初日

真田の入城　治山

梅川屋宗兵衛　琴葉　（※「梅川忠兵衛」か？）

伊藤孫兵衛　琴星

星亭　照山

（中入り）

圓朝修業　一鶴

義士銘々伝・横川勘平　貞心

緑林五漢録・業平小僧金五郎　貞水

昭和61年11月7日・二日目

お歌合わせ　ふづき

木津勘助　紫

水戸黄門　琴星

赤垣源蔵　貞心
（中入り）
母の慈愛　翠月
鯉の久三　小山陽
緑林五漢録　貞水

昭和61年11月8日・三日目
ボロ忠　南陽
血文字お定　紫
加藤孫六　琴星
コゼット　翠月
義士本伝・内匠頭切腹　貞心
（中入り）
緑林五漢録　貞水
伊達政宗堪忍袋　一鶴

昭和61年11月9日・四日目
真田の入城　ふづき
クレオパトラ　陽子
小田原遺恨相撲　琴星
松井須磨子　紫
中村仲蔵　貞心
（中入り）
西村権四郎余話　一鶴
緑林五漢録・嶽門小僧初之助　貞水

昭和61年11月10日・千秋楽
真田の入城　ふづき
妲妃のお百　紫
左甚五郎　琴星
義士銘々伝・村松喜兵衛　貞心
中乗り新三　翠月
（中入り）

西村権四郎　一鶴
緑林五漢録　貞水

当著でも再三記しているが、講談の楽しみの一つに連続物を聴くということがある。ところが定席のなくなった今、連日、連続物に触れられる機会は少なくなってきた。

この日の寄席では一龍斎貞水が『緑林五漢録《みどりのはやしごかんろく》』を5日間読んでいる。「五漢録」という位であるから、五人の「漢(おとこ)」のストーリーであるが、楽屋帳からは、初日に『業平小僧金五郎』、四日目に『嶽門小僧初之助』を演じたことはわかるが、その他の日の演目がわからない。五人の男の残り三名は「天狗小僧霧太郎」「のぶすまの幸次」「鼠小僧次郎吉」であるから、その場面を読んだと考えるのが普通かも知れないが、さて、実際にはどうであったのか。

寄席の楽屋帳は出演者のためにあるので、ザッと何をやったかがわかれば良いのは先に述べた通りで、業平小僧』を演じたことを示すのも大切であるが、楽屋内でその日に白浪物がかけられていることがわかればいい訳だ。

三日目は一鶴がトリを務めている。出番に間に合わなかったのか、それとも貞水に事情があって早上がりしたのか。帳面から見えてくる当時のそうした定席風景に想像力を働かせるのも面白い。

中入り前では貞心が一龍斎のお家芸である「義士伝」を読んでいる。

【昭和61年12月定席】

昭和61年12月6日・初日

真田の入城　治山

わんぱく竹千代　ふづき

無名碑の由来　鶴生

鯉のご意見　琴星

野手一郎　琴梅

出世車　翠月

（中入り）

信夫の常吉　ろ山

佐倉義民伝　芦州

昭和61年12月7日・二日目

真田の入城　治山

南部坂雪の別れ　ふづき

宇都宮重兵衛　鶴生

柳田の堪忍袋　貞山

白菊金五郎　小山陽
井上伝　琴桜
（中入り）
大瀬の半五郎　ろ山
佐倉義民伝　芦州

昭和61年12月8日・三日目
真田の入城　治山
三村の薪割り　鶴生
孝行鉄　貞山
淀屋と光圀　小山陽
縁結び友禅染　琴桜
（中入り）
瞼の母　ろ山
佐倉義民伝　芦州

昭和61年12月9日・四日目
鉢の木　南陽
文左衛門と林長五郎　鶴生
楠屋勢揃い　貞山
柳沢昇進録・紋太夫手詞　小山陽
無欲の出世　琴桜
（中入り）
三味線やくざ　ろ山
佐倉義民伝・甚兵衛渡し　芦州

昭和61年12月10日・千秋楽
南部坂雪の別れ　ふづき
宗三郎三本足のカラス　鶴生
まないた岩　貞山
茶碗屋敷の由来　琴梅
般若の面　琴桜
（中入り）

一本刀土俵入り　ろ山
佐倉義民伝　芦州

トリで小金井芦州が『佐倉義民伝』を連続で読んでいる。よく知られるのは『甚兵衛渡し』(『甚兵衛の入水』)の場であるが、他にも『宗五郎妻子別れ』や『将門山』などもあるので、どの場面をどんな風に読んだのかがここでも気になる。

12月と言えば、やはり「討ち入り」の季節。初日は演者同士のネタの探り合いもあったのか、誰も「義士伝」を扱っていないが、二日目からは『南部坂雪の別れ』、『三村の薪割り』、『楠屋勢揃い』と名場面が読まれている。

中入り後の食い付きの出番では、神田ろ山が出演している。得意にしていた文芸物からは、長谷川伸・作『瞼の母』『一本刀土俵入り』、川口松太郎・作『三味線やくざ』。やはり得意にしていた侠客伝の『信夫の常吉』『大瀬の半五郎』を演じている。

二日目の中入り前では宝井琴桜が『井上伝』。江戸後期に生きた久留米絣の創始者である井上伝の物語で、〝井上某〟という人の伝記という訳ではない。

千秋楽で一龍斎貞山が演じた『まないた岩』は、『日蓮記(日蓮上人一代記)』の一節で、日蓮上人が伊豆へ流罪となった伊豆法難の際に、伊東沖の俎岩という岩礁に置き去りになったという話である。

【昭和62年正月定席】

昭和62年1月6日・初日

真田の入城　治山
講談小噺　琴葉
柳生二蓋笠　南北
和田平助鉄砲斬り　一陽
出世車　鶴生
鼠小僧小仏峠　琴童改メ琴調
小松菜の由来　琴桜
桑名舟　琴梅
（中入り）
伊達の堪忍袋　貞花
越ノ海　貞水
赤垣源蔵　貞丈

昭和62年1月7日・二日目

海賊退治　南陽

一豊の妻　琴葉
次郎長・羽黒勘六　一陽
安兵衛婿入り　鶴生
鼠小僧次郎吉　琴童改メ琴調
高杉晋作　照山
中江藤樹　琴桜
雪の夜話　琴梅
（中入り）
愛宕山馬術の誉れ　貞丈
鬼神のお松　貞水
秋色桜　山陽

昭和62年1月8日・三日目
真田幸村　治山
黒田節　紅
桂昌院　琴桜
高杉晋作　照山

左甚五郎・三井の大黒　貞心
蘇生　鶴生
伊達政宗　琴鶴
（中入り）
野狐三次　ろ山
鼓ケ滝　貞丈
大名花屋　山陽

昭和62年1月9日・四日目
伊達の鬼夫婦　紅
勝田新左衛門　南陽
扇の的　山裕
高杉晋作　照山
細川の松飾り　小山陽
名月若松城　貞花
小政の生い立ち　ろ山
（中入り）

魚屋本多　琴柳
徂徠豆腐　芦州
高野長英獄中記　山陽
昭和62年1月10日・千秋楽
真田の入城　治山
阿部定　紅
違袖の音吉　山裕
生きる悲哀　鶴女
芳沢あやめ伝　小山陽
は組小町　貞花
伊達政宗　琴鶴
出世の高松　ろ山
（中入り）
河内山宗俊　貞水
本能寺　芦州
白隠禅師　山陽

正月初席の興行は、いわば顔見世的な要素が強いので、通常興行よりも出演者数が多い。また、普段は足を運ぶことが少ない聴き手が正月だからとやって来ることも多いので、わかりやすく面白い演目が並ぶ。

この興行では『出世車』『越の海』『愛宕山馬術の誉れ』『秋色桜』『三井の大黒』『大名花屋』『細川の松飾り』『徂徠豆腐』『出世の高松』『白隠禅師』といった、出世談や最後には栄える展開を持つ、正月らしい縁起の良い演目が並んでいる。

出演者にしても、当時の講談協会のオールスターが並んだ、贅沢かつおめでたい番組であっただけに、多くの観客が押し寄せ、場内ではお膝送りがあっただろうことも想像できる。本牧亭は畳席であったことから、文字通りの「お膝送り」。各自が座っている座布団を少しだけ隣に寄せて、あとからやって来るお客のための空間を作るというのも、かつての寄席ではよく見られた光景であった。また、着物姿の男性や女性がいて、正月の雰囲気を更に盛り上げたことだろう。

当時の講談協会の会長は二代目神田山陽。初日は顔を並べていないが、二日目から千秋楽までは主任を務めている。

【昭和62年2月定席】
昭和62年2月6日・初日
琴童改メ琴調襲名披露興行

違袖音吉　南陽
安田作兵衛　琴葉
力道山物語　南北
華岡青洲　照山
婦道記（山本周五郎・作）　琴鶴
（中入り）
連続左甚五郎・竹の水仙　貞花
連続寛政力士伝・越の海～賤ケ岳軍記　四代目琴調

昭和62年2月7日・二日目
琴童改メ琴調襲名披露興行
伊達の鬼夫婦　ふづき
碧蹄館投げ突きの一番槍　琴葉
連続力道山物語　南北
山城屋和助　照山
奉行と検校出世くらべ　琴鶴
（中入り）

連続左甚五郎・三井の大黒　貞花
連続寛政力士伝・橋場の長吉〜賤ケ岳軍記　四代目琴調

昭和62年2月8日・三日目
琴童改メ琴調襲名披露興行
真田の入城　治山
連続宮本武蔵　南陽
安兵衛駆け付け　鶴生
木村長門守堪忍袋　貞山
鼠小僧次郎吉・小仏峠　琴柳
（中入り）
友情出演　蝶花楼花蝶
蒲生氏郷　琴鶴
連続寛政力士伝・谷風情け相撲〜賤ケ岳軍記　四代目琴調

昭和62年2月9日・四日目
琴童改メ琴調襲名披露興行

宮本武蔵　南陽
出世浄瑠璃　琴葉
力道山物語　南北
成金一代記　照山
蜘蛛の糸(芥川龍之介・作)　琴鶴
(中入り)
連続左甚五郎・生き人形　貞花
連続寛政力士伝・雷電為右衛門〜賤ケ岳軍記　四代目琴調

昭和62年2月10日・千秋楽
琴童改メ琴調襲名披露興行
秋色桜　ふづき
園八節　琴葉
ザ・自由　南北
味覚革命　照山
杜子春　琴鶴
(中入り)

連続左甚五郎・水呑みの龍　貞花

連続寛政力士伝・小田原遺恨相撲〜賤ケ岳軍記　四代目琴調

講談ファンのみならず、落語ファンからの支持も多い、宝井琴調の襲名披露興行。この2年前に師匠である五代目宝井馬琴を亡くし、その後、兄弟子である琴鶴門下に移り、前年(昭和61年)に琴童から琴調と改名。琴調という名前は二代目と六代目の馬琴も名乗ったことのある名前であり、この年に同名のまま真打に昇進したことを祝った席でもあった訳だ。

新真打の琴調は、トリの前講では連続で『寛政力士伝』を日替わりで。釈場の暗黙ルールともいうべき、後席では軍談物(『賤ケ岳軍記』)を読んでいる。

膝では一龍斎貞花がやはり連続で『左甚五郎』を。中入り前では師匠であり、のちの六代目馬琴である、当時の琴鶴が芥川龍之介の代表作二編と、出世物と白浪物で新真打のために芸のお祝いを送っている。

白浪物の主人公は盗賊。落語でも言われることだが、泥棒の出てくる話は人の懐を取り込むという意味で縁起が良いとされている。

三日目には後に七代目蝶花楼馬楽を襲名する蝶花楼花蝶の友情出演も。講談の席で何を演じたのか、帳面からではわからないのが惜しい。

【昭和62年3月定席】
昭和62年3月6日・初日
田辺鶴生真打披露興行

お歌合わせ　ふづき
母里太兵衛　紅
瓢箪屋裁き　鶴女
宇治川戦陣争い　琴調
慶安太平記・序　小山陽
桑名舟　琴梅
次郎長と伯山　貞丈
木端売り　芦州
(中入り)
口上
和田平助　山陽
中日五十年史　一鶴
本間の皮財布〜宇都宮重兵衛　鶴生

昭和62年3月7日・二日目
田辺鶴生真打披露興行
真田の入城　治山
潮来の遊び　一陽
車読み・潮来の遊び　山裕
秋色桜　貞山
爆裂お玉　翠月
一本刀土俵入　ろ山
寛永三馬術　貞丈
車読み・寛永三馬術　芦州
（中入り）
芝居の喧嘩　山陽
口上
政宗堪忍袋　一鶴
蘇生〜安兵衛駆け付け　鶴生

昭和62年3月8日・三日目
田辺鶴生真打披露興行

違袖音吉　南陽
生類憐憫の掟　琴葉
五郎正宗　すみれ
塚原卜伝　琴星
刻の話　貞心
越ノ海勇蔵　貞水
隅田川乗っ切り　貞丈
一心太助　芦州
（中入り）
口上
海賊退治　山陽
霧島昇　一鶴
無名碑の由来〜刃傷松の廊下　鶴生

昭和62年3月9日・四日目

田辺鶴生真打披露興行

秋色桜　ふづき

近松の青春　陽子

未来の本牧亭　南北

尾崎紅葉伝　燕林

哀しきホームラン　照山

小政の生い立ち　琴柳

左七文字　貞丈

吉田兼房　山陽

（中入り）

口上

随談　芦州

左馬の助湖水渡り　一鶴

林長五郎〜安兵衛婿入　鶴生

昭和62年3月10日・千秋楽
田辺鶴生真打披露興行
ジャンバルジャン　治山
奴の小万　紫
信玄鉄砲　琴梅
太田道灌伝　貞花
瓜生岩子　琴桜
木下藤吉郎　貞丈
権三郎虚無僧下り　琴鶴
水戸黄門　芦州
（中入り）
口上
本牧懐古　一鶴
出世車～三村の薪割り　鶴生

くも膜下出血が元で、平成13年に若くして旅立った田辺鶴生の真打昇進披露興行。講談界としては前月の宝井琴調襲名から二カ月連続のお祝いの席となった。披露口上の他、貞丈、芦州、山陽、そして師匠の田辺一鶴も並ぶ、豪華で賑やかな顔付けである。

中で二日目の興行が面白い。神田一陽（現・愛山）と神田山裕の兄弟弟子が「天保水滸伝」から『潮来の遊び』を、一龍斎貞丈と小金井芦州が「寛永三馬術」を車読みで演じている。車読みとはいわばリレー講談のことで、こうした「遊び」が味わえるのも寄席のいいところであり、お祝いの席に華を添えている。

一時期、「講談界の小朝」などと称され、注目された山裕もまた若くして病に倒れた。

主役の鶴生は古典作品を読み進め、後席では「義士伝」を読んでいるのに対し、師匠の一鶴は『中日五十年史』に『伊達政宗の堪忍袋』、『霧島昇』に『明智左馬之助の湖水渡り』と新作と古典を自在に読み分けている。

その一鶴の千秋楽の演目は『本牧懐古』。同じ一鶴門下の田辺南北は四日目に『未来の本牧亭』を。どんな思い出を話し、どんな未来を予想したのかを聞いてみたい。

【昭和62年4月定席】
昭和62年4月6日・初日
ジャンバルジャン　治山
紺屋高尾　南北
伊賀の水月・諸鎌の槍　山裕

浪花のお辰・お倉殺し　翠月
石川寅次郎　琴梅
（中入り）
亀甲縞大売出し　貞心
伊勢の初旅　ろ山

昭和62年4月7日・二日目
真田の入城　ふづき
秋色桜　紫
伊賀の水月・牛之助時代　山裕
小林虎三郎・米百俵　貞花
女子衆声あわせ（かつおきんや・作）　琴桜
（中入り）
石川寅次郎　琴梅
お蝶の焼香場　ろ山

昭和62年4月8日・三日目

違袖音吉　南陽
南部坂雪の別れ　紫
荒木又右衛門東下り　山裕
は組小町　貞心
唐人お吉　翠月
(中入り)
均等法物語　琴桜
一本刀土俵入　ろ山

昭和62年4月9日・四日目
人魚の海　ふづき
血文字お定　紫
小喧嘩　山裕
中村仲蔵　貞心
大名花屋　翠月
(中入り)
石川寅次郎　琴梅

蛤茶屋　ろ山
昭和62年4月10日・千秋楽
鬼面山谷五郎　南陽
お竹如来　紫
真剣白刃取り　山裕
内匠頭切腹　貞心
お岩の怨霊　翠月
（中入り）
石川寅次郎　琴梅
荒川の佐吉　ろ山

個人的な話になるが、私が間に合っている昭和の名人と呼べる講釈師で一番の古株が神田ろ山である。三代目のろ山で、一時期、講談界を離れ、結婚式の司会業をしていたといい、四代目柳亭痴楽の『綴り方狂室』の作者とされる講釈師である。後に講談界に復帰し、三日目に演じている『一本刀土俵入り』や、同じ長谷川伸作の『瞼の母』といった文芸物を演じ、本牧亭の高座で何度か聴いたことがある。

講釈は修羅場に尽きるとされることも多いが、ベテランによる、その世界に生きる人の姿をしっとりと描き出す世話物を、午後のひと時に楽しむのもいい。

『伊勢の初旅』は落語で言えば、立川談志が演じた『人情八百屋』。「鰯屋騒動」の一節で「大岡政談」にもつながる一席。

『荒川の佐吉』は芝居だと『江戸絵両国八景』と呼ばれる、大工から侠客の世界に転じた男の話。元は真山青果の作品である。

他にも「清水次郎長伝」から『お蝶の焼香場』や『蛤茶屋』といった、神田ろ山の十八番が並んでいる。

【昭和62年5月定席】
昭和62年5月6日・初日
一陽改メ神田愛山真打披露興行

井伊直人	ふづき
真田の入城	すみれ
力道山誕生	南北
平賀源内	照山
お竹如来	琴桜

壇ノ浦夜合戦記　一鶴
野手一郎　貞丈
木端売り　芦州
（中入り）
口上
海賊退治　山陽
清水次郎長・生い立ち〜勝田新左衛門　愛山

昭和62年5月7日・二日目
一陽改メ神田愛山真打披露興行
ジャンバルジャン　治山
鉢の木　琴葉
お歌合せ　鶴女
出世車　燕林
小間物屋政談　琴柳
木村又蔵　貞丈
孝子と将軍　琴梅

出世の葵　芦州
（中入り）
口上
狼退治　山陽
清水次郎長・生い立ち〜大高源吾　愛山

昭和62年5月8日・三日目
一陽改メ神田愛山真打披露興行
権三郎虚無僧下り　南陽
近松の生涯　紅
名医と名優　鶴女
浅妻船　貞山
秋色桜　翠月
鼠小僧小仏峠　ろ山
鼓ケ滝　貞丈
度々平住み込み　芦州
（中入り）

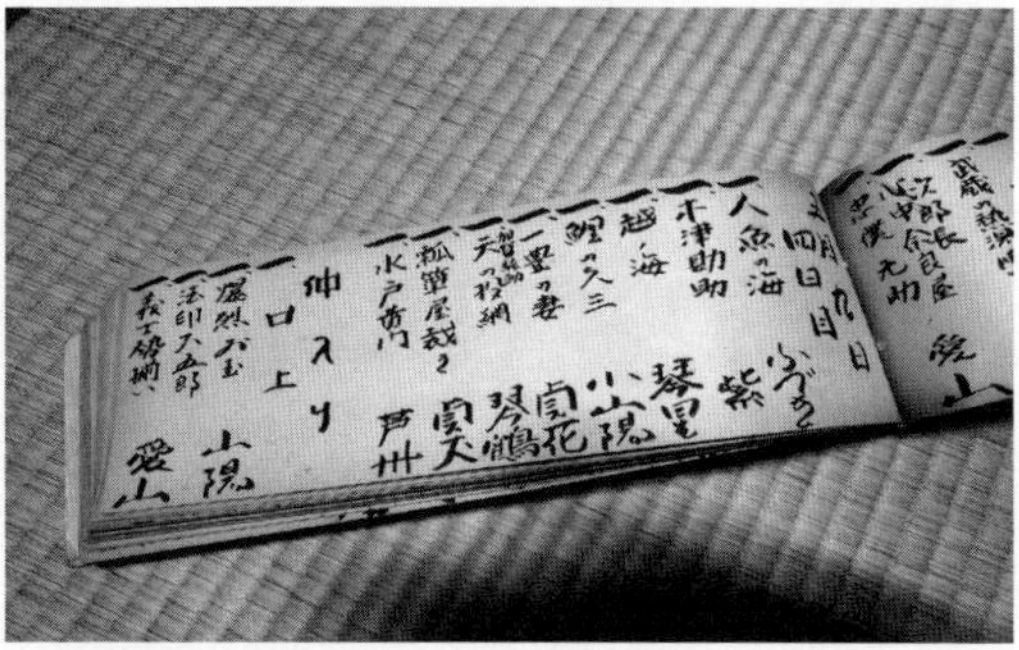

ネタ帳（昭和62年5月9日・四日目）

口上
武蔵の熱湯風呂　山陽
清水次郎長・心中奈良屋〜忠僕元助　愛山

昭和62年5月9日・四日目
一陽改メ神田愛山真打披露興行
人魚の海　ふづき
木津勘助　紫
越ノ海　琴星
鯉の久三　小山陽
一豊の妻　貞花
加賀騒動・天の投網　琴鶴
瓢箪屋裁き　貞丈
水戸黄門　芦州
（中入り）
口上
爆裂お玉　山陽

清水次郎長・法印大五郎～義士勢揃い　愛山

昭和62年5月10日・千秋楽
一陽改メ神田愛山真打披露興行
谷風情相撲　南陽
聖ペトロ　陽子
応挙の幽霊　山裕
黒田節の由来　琴調
暦の話　貞心
鋳掛け屋松五郎　貞水
相馬大作生い立ち　貞丈
大久保彦左衛門　芦州
（中入り）
口上
虚無僧下り　山陽
清水次郎長～不忠臣蔵　愛山

自らを「講談界の秘宝」と呼び、当代人気随一の神田愛山の真打昇進披露興行。それまでの一陽の名を改めて、50年振りの「神田愛山」の名を襲名した。初代愛山は三代目伯山の弟子で、32歳の時に上海戦線で戦死。これからという時の実力派の旅立ちであっただけに、多くの講談ファンを悲しませたという。特に侠客物が良く、正岡容は〈どすの利くやくざの唄の秋の風〉という追悼句を残している。この時、新愛山も32歳。偶然なのか、運命なのか。初代が愛した侠客伝を読む姿がいい。

二代目愛山も披露興行で、連日「清水次郎長伝」を読んでいる。後席はこれまた得意の「義士伝」を。千秋楽に読んでいる『不忠臣蔵』は、本人の談によると『小山田庄左衛門』とのこと。講談の方では、義士の中にあって清廉潔白な武士でありながら、討ち入り当日に酒でつぶれてしまい……という「不忠義士伝」の一節である。

師匠である二代目神田山陽は、「笹野名槍伝」より『海賊退治』と『虚無僧下り(虚無僧の件)』に、「宮本武蔵伝」から『狼退治』と『熱湯風呂』、そして「徳川女天一坊」から『爆裂お玉』と、やはり得意にしている演目で愛弟子の高座につないでいる。

また一門からは、人気低迷時の講談界を支えた女性講釈師である、神田陽子、紫、すみれ、紅が出演している。

中入り前には愛山が可愛がってもらったという小金井芦州が。そして二日目には、シベリア抑留から帰国後、三代目神田ろ山に入門した桃川燕林が出演している。

【昭和62年6月定席】

昭和62年6月1日・初日

イワンのばか　治山

牡丹燈籠・栗橋宿　紅

連続宮本武蔵　南陽

瓢箪屋裁き　琴柳

（中入り）

双蝶々廓日記・吾妻与五郎なれそめ　山陽

関東七人男　琴梅

昭和62年6月2日・二日目

真田の入城　治山

巴御前　ふづき

松井須磨子　紅

連続宮本武蔵　南陽

加藤孫六　琴柳

（中入り）

双蝶々廓日記・与五郎勘当の件下り　山陽
連続関東七人男　琴梅

昭和62年6月3日・三日目
振袖火事　ふづき
延命院・序　紅
宮本武蔵　南陽
鼠小僧小仏峠　琴柳
（中入り）
双蝶々廓日記・血刀金兵衛悪企み　山陽
関東七人男　琴梅

昭和62年6月4日・四日目
ジャンバルジャン　治山
真田幸村　ふづき
滝の白糸　紅
連続宮本武蔵　南陽

中山安兵衛　琴柳
（中入り）
双蝶々廓日記・吾妻逃亡　山陽
女医誕生記　琴桜

昭和62年6月5日・五日目
真田の入城　治山
巴御前　ふづき
マダム貞奴　紅
連続宮本武蔵　南陽
伊藤孫兵衛　琴星
（中入り）
双蝶々廓日記・血刀濡髪初の喧嘩　山陽
関東七人男　琴梅

昭和62年6月6日・六日目
秋色桜　ふづき

桃太郎（芥川・原作）　紅
雷電初土俵　南陽
人情匙加減　琴調
（中入り）
前原伊助　貞山
源平盛衰記・宇治川先陣争い　琴鶴

昭和62年6月7日・七日目
振袖火事　ふづき
外郎売り　琴葉
連続朝顔日記　貞花
谷風情け相撲　南陽
（中入り）
伊勢の初旅　琴調
源平盛衰記・巴御前〜義仲の最後　琴鶴

昭和62年6月8日・八日目

秋色桜　ふづき
瞼の母　琴葉
越ノ海　南陽
越前家　琴調
（中入り）
忠僕直助　貞山
連続朝顔日記　貞花

昭和62年6月9日・九日目

鬼夫婦　ふづき
朝顔日記　貞花
菅谷半之丞　琴葉
ボロ忠　南陽
（中入り）
水呑みの龍　琴調
源平盛衰記・箙の梅　琴鶴

昭和62年6月10日・千秋楽
振袖火事　ふづき
雲居禅師　琴葉
違袖の音吉　南陽
紺屋高尾　琴調
（中入り）
朝顔日記　貞花
源平盛衰記・青葉の笛　琴鶴

私が知った頃には、本牧亭での講談定席は昼の部で5日間公演であったが、この月は10日間興行を行っている。その前半は宝井琴梅が、後半は宝井琴鶴（六代目馬琴）が主任を務めている。

琴鶴が連続で読んでいるのは「関東七人男」。相変わらず楽屋帳には、誰の物語を読んだのかが書かれていないのが残念である。武州川越にいた侠客7人の姿を描いた話で、のちに一貫斎天山という講釈師に転じた横沼の菊蔵、赤尾の林蔵、高萩の猪の松（伊之松）、山ヶ谷源太郎（源兵衛）、落合久五郎、溝呂木村の新太郎、婦人こと、その他、高坂藤右衛門、鹿沼の虎吉等が入ったりと、読み手や速記によって異なる。ちなみに、その琴鶴の孫弟子にあたる宝井梅湯は、「澤瀉屋強請」「沼田の牢破り」「二代目田島屋藤右衛門」「妙善の強請」「浅吉の博奕狂い」「亀五郎の仕返し」「落合久五郎免許皆伝」「林蔵高坂へ斬り込み」「高萩の猪之松生い立ち」「林蔵と猪之松の木剣試合」「猪之松の最期」「御会席博奕」「身延の喧嘩」「林蔵の故郷帰り」「林蔵の最期」と十五席に分けて読んでいる。

琴梅の前では神田山陽が「双蝶々廓日記」を、その弟子の南陽は「宮本武蔵」を連続で読んでいる。

宝井琴鶴はトリで宝井派のお家芸たる修羅場読みから「源平盛衰記」を読み、七日目からは一龍斎貞花が、備前岡山藩主池田光政の家臣である熊沢蕃山と深雪、後の瞽女朝顔の恋物語である『朝顔日記』を連続で読んでいることがわかる。

山陽一門の紅が七日間高座を務め、『松井須磨子』『滝の白糸』『マダム貞奴』、芥川龍之介の『桃太郎』と、新古典とも呼べる話を読んでいるが、同じ山陽一門の前座神田治山が読む『イワンのばか』がどんな内容であったのかが気になって仕方がない。

【昭和62年7月定席】

昭和62年7月6日・初日

イワンのばか　治山

桃太郎(芥川・作)　紅

猿飛佐助・一　琴星

総理の椅子・一　照山
（中入り）
阿武松　小山陽
鏡ケ池操松影　貞水

昭和62年7月7日・二日目
奴の小万　ふづき
宇野千代物語　紫
猿飛佐助・二　琴星
総理の椅子・二　照山
（中入り）
出世の高松　小山陽
雨夜裏田圃　貞水

昭和62年7月8日・三日目
真田の入城　治山
奴の小万　ふづき

曽我物語　紫
猿飛佐助・三　琴星
総理の椅子・三　照山
（中入り）
次郎長と伯山　貞心
番町皿屋敷　貞水
昭和62年7月9日・四日目
伊達の鬼夫婦　ふづき
イワンのばか　治山
お竹如来　紫
猿飛佐助・四　琴星
総理の椅子・四　照山
（中入り）
姥捨正宗　小山陽
人面瘡　貞水

昭和62年7月10日・千秋楽
奴の小万　ふづき
お富の貞操　紫
猿飛佐助・五　琴星
見えたか甚兵衛　小山陽
（中入り）
総理の椅子・五　照山
四谷怪談・蛇と南瓜　貞水

この項の最初でも記したが、夏と言えば怪談。〈冬は義士 夏はお化けで飯を食い〉とは二代目神田山陽の読んだ句であるが、まさにその通りである。

この席では「怪談の貞水」とも言われた一龍斎貞水がトリを務めている。初日の『鏡ケ池操松影』は三遊亭圓朝の作で、『江島屋騒動（江島屋怪談）』とも呼ばれる話。二日目の『雨夜の裏田圃』は「村井長庵」の中の一席で、長庵が実の妹であるお登勢をやくざ者に殺させる場面を。中日の『番町皿屋敷』と千秋楽の『四谷怪談』は比較的知られた物語だろうが、三日目の『人面瘡』は貞水の独壇場であった話である。

その内容は、本郷の両替屋で番頭をしていた甚八が芸者の小綱のために店の金を使い込む。二人は一緒になるが、甚八の膝に人面瘡ができ、やがてそれが噂となり、甚八は見世物小屋に出るようになる。ところが留守の間に小綱は権次という男といい仲になり、逐電。それからしばらくして乞食に身をやつした二人は甚八と出会い殺害。二人が現在の栃木県の小山まで逃げると、そこで出会った老婦とのやり取りから二人が兄妹であることを知り、二人は心中する。そうして二人が遺した金で、村に畜生塚という供養塔を建てるといった話で、「にんめんそう」と読む。

中入り後はその貞水と、後に神田松鯉となる小山陽が三日間並んでいる。後の人間国宝の競演が寄席で見られた訳だ。

中入り前では宝井琴星が『猿飛佐助』を。神田照山が社会派らしい『総理の椅子』を連続で読んでいる。

25 木馬亭講談会の魅力

マッチポンプ的にはなるが、「今、講談の会に行くとしたら、どの会がいいですか」と尋ねられたら、神田伯山や師匠の神田松鯉が出演する会もいいが、「木馬亭講談会」を挙げたい(実は墨亭もおススメなのだが……)。

浅草で毎月1〜7日の昼に日本浪曲協会が興行を行なう常打ち小屋として知られる「木馬亭」で、主に偶数月の夜に、一龍斎貞橘が顔付けをする、一芝居5席前後楽しめる会がそれである。毎回、トリを務める貞橘はネタ出しをすることが多いが、その他の出演者は何を演じるかはわからない。中入り前をベテラン真打が務め、前座、二ツ目、中堅真打と出演者のバランスも良く、何しろ番組の流れと演者の肩肘張らない高座が寄席の雰囲気をも感じさせるような、どこかのんびりとした空気が流れていて、ゆったりと楽しむことができる。

2019年に始まった会で、当初は貞橘が所属する講談協会の講釈師の出演がメインであったが、2020年12月開催の第10回までに神田京子、神田桜子といった日本講談協会に所属する講釈師も出演したことから、また新たな流れを感じさせるようになった。

勿論、最近では各種講談会や神田愛山が主催する「講談カフェ」でも両協会の共演が楽しめるが、芸が染みついた木馬亭という空間で、あまり時間を感じさせない緩やかな寄席のような雰囲気の中、両協会の若手からベテランまでの高座を、特に若手が芸を見せ合い、芸で魅せ合うのがいい。

たとえば、神田京子が『与謝野晶子』を演じたことがあった。講談協会では宝井琴桜の代表作であり、明治という時代に強く生きた晶子の人生に迫る姿で描くが、京子のものは『炎の歌人与謝野晶子』と銘打つように、自分の心の中に湧き出る想いをいかに歌の中に描き出したかに迫る展開で、そこには京子にとって二人の師匠に当たる二代目神田山陽と神田陽子が道を作った、エンターテインメント性を感じさせる講談として、その日の番組の流れの中で光っていた。

二ツ目の神田桜子も同じ神田陽子門下である。別掲する「伝承の会」を機に大阪の旭堂南鱗から教わった、東京にはない「義士伝」として、「赤穂義士銘々伝」より『赤垣の聟入り』を聞かせた。徳利の別れで有名な赤垣源蔵が〝かぼちゃ娘〟とあだ名される女性と一緒になる滑稽さを含んだ話で、義士伝を得意とする一龍斎の主催する会で、目新しいストーリーを読んでみせた。

とは言え、何も日本講談協会の講釈師が異端であると言いたいのではない。講談の長い歴史の中で、今は分かれてしまっている神田山陽一門が持つ風であり、匂いといったものが、他派が集まって構成されている講談協会がメインの会でどういう味わいを見せるのかがポイントとなる。以前は一つの協会にあり、講談という同じ芸種にありはすれど、やはり長く独立をして、個性たっぷりに進んできた一派であることは事実で、今のところはいい化学反応が生じている。

２０２１年10月からは両協会共催の「泉岳寺講談会」も始まったが、「木馬亭講談会」は今後の講談会の屋台骨になる一龍斎貞橘'sアイによるメンバーセレクトが興味深くもあり、今後も中堅、若手と、そして機会があればベテラン勢がそこに加わることで、高座に刺激が生まれるのも楽しいはずだ。

おまけに、なんて記したら失礼かもしれないが、毎回の前座を神田伊織が務めている。男性講釈師の復権といったら大袈裟だが、次の世代を任せられる男性講釈師を育てて行こうという気概も会から感じられるのが心強い。

更に、第10回の際には、本牧亭で使われていた釈台も登場した。先にも記したが、それを懐かしがる琴調をはじめ、芸の染み込んでいる釈台を叩けることに感心する宝井梅湯といった出演者が、パシリ！やパパン！ではなく、ピシリ！と話を刻むその音が、講釈を聴く楽しみを増幅させていた。あの釈台もまた、木馬亭講談会の魅力の一つになるはずだ。

芸の修業の一つには、互いの芸が刺激し合い、時に火花が散るということも、その要素に加わってくる。そうした空間の中枢になるのが寄席であり、両協会がともに出演する寄席がない今、「木馬亭講談会」の存在は大きく、一龍斎ばかりではなく、今後の講談界を引っ張っていかなくてはならない貞橘に課された役割、などと記したら荷を重くすることになろうか。

26　あの頃の落語色物定席での講談事情

私が初めて寄席に行ったのは昭和55年。新宿末広亭での落語協会の興行で、落語とともに漫才や曲芸、紙切りといった色物芸に魅力に感じたのが寄席にハマったきっかけだった。その時に講釈師は出ていなかったが、それ以降の寄席通いにおいても、その頃の講釈に関する記憶はあまりないと言ってしまってもいい。やはり寄席通いが趣味であった小学生とは言え、講談は難しい芸であった。

ちなみに今、落語以外の芸種を挙げたが、講談は古くから専門の定席（軍談席）を有していたこともあって、義太夫などとともに色物には数えない。講談は色物ではないのだ。

そんな私が講談という芸をハッキリと認識するようになったのは、それからしばらくしてのこと。昭和60年頃のことだろうか、落語とは似ているようで、形式や内容が異なる講談という芸にちょっとした興味を覚えたのだ。ちょっとした興味、だ。それまでにもヒゲの一鶴をテレビで観ることがあり、母親などは「一鶴さんは声が大きいし、面白いし、野球の審判をやっていたから、『ストライク!』なんてやっていたのよ」と教えてくれたものだが、あくまでもテレビタレントの一人として認識していた。

その頃、落語協会には一龍斎貞丈が、落語芸術協会には二代目神田山陽が所属をして、高座に上がっていた。その10年前には落語協会から芸術協会に移籍した五代目宝井馬琴が出演していたが、さすがにそれには間に合っていない。

都内にある落語色物席の持ち時間は15分前後。講談の魅力を引き出す連続物や長編物をそうした場で聴ける訳もなく、いわゆる端物と呼ばれる短めの一席物が多かった。

貞丈は太鼓の音がすると、ノッシリノッシリという感じでゆっくりと高座に現われて、小さな身体を釈台の向こうから乗り出すような姿で、ちょっとしわがれたベタッとした声で、「酒は飲め飲め飲むならば」と『黒田武士』を演じたり、夏には『四谷怪談』の「蛇」。それに『相馬大作』や『瓢箪屋裁き』などを演じていた。

山陽は立川談志に伝えたという『芝居の喧嘩』に、『青龍刀権次』の湯島の場面。冬は『義士勢揃い』。夏になれば、弟子の女性講釈師を幽太(幽霊の格好)にしての怪談と、わかりやすくて面白い話を聴いた。このわかりやすさと短時間で笑いをともなう話というのは、笑いを求めに来るお客がメインの落語色物定席では必要条件になってくる。

したがって、そういう空間で、難解な言葉が出てくる軍記物やダレ場も多い金襖物(お家騒動)を聞かせるのはなかなか難しく、講釈を本格的に聴くとなれば、上野にあった本牧亭しかなかった。

戦前に結成された「講談落語協会」という会は、六代目一龍斎貞山が会長を務め、会長を務める位であるから、寄席のトリも務めていたが、その頃から数は多くないが、講釈師もまた落語色物定席に顔を連ねていた訳で、イレギュラーではあるが、近年でも田辺一鶴や宝井琴梅を国立演芸場や東宝名人会の高座で見たことがある。国立演芸場の番組であれば、一龍斎貞水は夏になると『江島屋怪談』などの怪談でトリを務めるのが恒例であったし、その代演として一龍斎貞心、貞花を見たこともある。

その後、落語協会には宝井琴柳と宝井琴調の二人が入会し、同様に比較的笑いの多い話を聴かせている。特に琴調は頻繁に寄席に出演し、暮れの鈴本演芸場では企画興行として、義士伝の特集等で連日主任を務め、落語家に『人情匙加減』や『名刀捨丸』といった話を伝え、落語協会でも重要なポジションにある講釈師となった。

また、神田茜も自作のちょっと変わった新作で彩りを添えるように寄席に出演している。茜の場合は古典にしても、自作の新作にしても滑稽講談が多いだけに、落語色物定席に向いていると言え、琴調同様に女性落語家に『幸せの黄色い旗』といった話を伝えている。

落語芸術協会では、先に挙げた二代目山陽一門の女性講釈師が活躍しているのは言わずもがなだ。特に神田陽子、紫、紅は一席物の他に、芸術協会内で講釈の存在を知らしめた師山陽譲りとも言える怪談で、毎夏トリを務めている。そして一門の長たる人間国宝の神田松鯉が「義士伝」をはじめ、口跡の良い講釈を聞かせ、近年では松鯉一門に陽子、紅一門の若手がまた、落語家とともに楽屋修業をし、寄席向きの講釈を聞かせている。

今は北海道に活動の場を移した三代目神田山陽も、以前は寄席に頻繁に出演していたし(落語芸術協会に籍は残している)、また、山陽一門を離れた日向ひまわりもそこに加わっており、ある意味、芸術協会の講談事情は手厚い。

別項でも記したが、「初めて落語を聴くには何を聴いたらいいですか」という質問を受けることがあるが、同じ質問を講談で受けたならば、「都内4軒の定席に出ている講釈を聴いてみたらどうですか」と応えることにしている。先にも挙げた『人情匙加減』の他、『徂徠豆腐』『海賊退治』『お富与三郎』、それに「義士伝」と、面白くも講談らしい話を気軽に聴くことができるからだ。

更に欲を言えば、先に挙げた宝井琴調が30分近い話を聴かせることができるトリを、年末の特別興行以外でも務めても面白いだろうし、講釈の定席の経験が少ない若手講釈師にも出番が与えられれば良いのにと思っている。芸術協会で松鯉、陽子、紫、紅、伯山がトリを取る時に、若手が先を務めることがあるように、落語協会で言えば、琴調がトリを務める時に講談協会の若手が出演するのも面白い（年末の鈴本演芸場での琴調主任興行で、宝井梅湯、田辺いちかなどが出演したことはあるが）。

鈴本演芸場や新宿末広亭には歴史を感じさせる釈台もあるだけに、都内の寄席で張り扇の音をもっと聞いてみたい。

27 講談を「読む」ということ

講釈師が高座で講談を披露する時、講談を「読む」と言うのは、かつては史書を講ずる時に、今風に言えば、台本を読み進めたことに由来している、その本を置いたのが釈台であった訳だが、古くから田辺派は無本とされ、今は軍談物を読む際には本を置いて読んでいいとされている。

明治期になり、講談の速記を出版したのが、現在の講談社であることは知られるところである。元々は明治期に流行した演説や弁論を扱った「雄辯」という雑誌を刊行していた大日本雄辯会がその前身である。

同時代には、近代落語の祖とされた三遊亭圓朝による『怪談牡丹燈籠』をはじめとした速記本が人気を得、新聞での講談の速記もはじまり、書き講談を刊行して人気を得た立川文庫の創刊。更に、講釈師の名前と速記者が明記された三芳屋書店版の速記が発売され、『百花園』や『文藝倶楽部』といった雑誌の発売が続き、それに目を付けた編集者が弁論とともに講談を載せた雑誌を作りたいということで出したのが「講談倶楽部」であり、後に合併し、社名も大日本雄辯会講談社となった。ちなみに「雄辯」には弁論や各種論文が掲載されていたが、初代大島伯鶴が半生を語っていたりと、講釈に関する作品をいくつか読むことができる。

「百花園」「雄辯」「文藝倶楽部」

「講談倶楽部」の人気により、明治から昭和にかけては「読む」講談が人気で、中には小説家が書いた講釈というのもあったりしたが、戦後を迎え、「講談倶楽部」は講談というよりも小説が主となり、昭和32年に幕を下ろした。それ以降、「読む」スタイルでの定期的な講談雑誌は少なくなってしまった。中には戦後文化の象徴の一つであるカストリ雑誌や、昭和30~40年代の雑誌ブームに乗り、講釈師による講談ばかりでなく、怪し気な芸名を冠しての速記をいくつも見ることができるが、今、それをまとめて見ようとすると大変な作業になる。

現在では、講談の速記を掲載した雑誌は、特別な企画を除けば皆無と言ってしまってもいい。それは講談ばかりでなく、落語も同じことであるが、落語の方はかつて出されていた速記本が文庫に転じたりしているので、まだより手軽に読むことができる。子ども向けの落語を扱った書まで入れれば、かなりの数を追うことができる。

講談の速記で比較的目にすることができるのは、今は二種の全集であろうか。昭和3年に出された全12巻の「講談全集」と、昭和46年に編まれた「定本講談全集」(全8巻)で、ともに講談社の刊行で、図書館で閲覧できたり、古本市場で入手することもできる。

他にも『評判講談全集』(昭和6年・全15巻)、『少年少女教育講談全集』(昭和5年・全12巻)、「少年講談」(昭和27年・全49巻)、「講談名作全集」(昭和36年・普通社)などがあるが、入手しにくい状況にある。大きな図書館に行けば「百花園」や「講談倶楽部」「講談雑誌」などのかつての速記収録雑誌を読むことができるが、他にも古くは知られた立川文庫も、後に復刻されてはいるものの少々値段が張り、「講談社名作文庫」(昭和51年・全30巻)では演者のない講釈が楽しめるが、この二種もまた入手しにくいと言ってしまってもよく、講釈をまとめて「読む」ことのできる本は少ないのが現状と言えよう。

その分、近年は絵本の刊行が続いている。人気者神田伯山は幾冊かの本で監修を務めており、講釈師の姿を描いたマンガ、久世番子の「ひらばのひと」や、講談社創業110周年記念企画として『那須与一 扇の的』『曲垣平九郎 出世の石段』『雷電為右衛門 雷電の初土俵』などの「講談えほん」の監修を務めており、宝井琴調は「講談えほん」と題し、『徂徠どうふ』『三方一両損』『眠り猫』など5冊を絵本出版社の老舗福音館書店から出している。

講釈を勉強しようとする人向けには、講釈のポイントを押さえた、宝井琴星・琴鶴による『講談ドリル』(彩流社)といったものもあり、その琴星は自作を中心に、自分の読んだ講談のテキストを講談会などで自主販売している。

その他、一龍斎貞水と林家正雀の共著「怪談ばなし傑作選」(平成7年・立風書房)では『怪談牡丹燈籠』『四谷怪談』『真景累ヶ淵』などの名場面を速記で掲載し、神田香織の「乱世を生き抜く語り口を持て」(インパクト出版社)では『フラガール物語』や『ビリー・ホリディ物語』などを紹介するように、個人による著作の中で速記を掲載している本もある。

2021年には大阪の旭堂南湖が、それまで創作してきた百作以上の新作の中から厳選した25作を集めた「旭堂南湖講談全集」(LEVEL)を上梓した。『旭堂南北一代記 血染めの太鼓』『おっぱい豆腐』等々、南湖の得意演目が並ぶばかりでなく、様々なジャンルの話を読むことができ、続刊を期待したい。

また、手前味噌であるが、丸善出版より「知っておきたい日本の伝統芸能シリーズ」(全5冊)という拙著では、「落語編」「歌舞伎編」「浪曲・怪談編」と並び、「講談編」「忠臣蔵編」を出しており、『仙台の鬼夫婦』『寛政力士伝より谷風情相撲』『お富与三郎』などをはじめとした10作品を「講談編」で、『赤穂義士伝』の本伝や銘々伝など11作品を「忠臣蔵編」で、その速記を収録した。

過去の名人の口演をベースに、講談のテンポや間合い、言い回しといったものを残しながら再編した読み物とした。ルビ入りでもあり、入門編としても適していると思う。自著の宣伝になってしまうが、今、一番、入手しやすい講談の速記本かも知れない。

〝読む〟講談の「読む」楽しさを知る上でも、「読む」講談の刊行が望まれる。

新しい世代が出てくれれば、また新しい形での講談の楽しみ方というのも考えられていくだろう。配信然り、ソフト然りである。とは言え、講談は読み物の歴史を担ってきただけに、読み物として今後も残していってもらいたい。

28 講談はどこで聴けるのか(聴くのか)

最近になって、毎日のようにどこかで講談を聴くことができるようになったことに驚いている。先日も平日の昼の時間帯に、若手の会とベテランが出演する会がダブルどころかトリプルで組まれていて、バラせないのか!と思わず声に出てしまった程だ。

演芸情報誌「東京かわら版」に目をやれば、一か月に何十もの講談の会が開かれていることがわかるが、上野に講談定席の本牧亭があった時代でも、それだけの数が開かれることはなかった。以前はと言っても、40年前の「東京かわら版」では現在のように落語や他の芸と混在しての表記ではなく、正直、やや地味な「講談・浪曲・新内」という別ページが設けられ、全ての情報を合わせても一ページに満たないということもあった。

現在、定席としての釈場は持たないが、講談協会、日本講談協会ともに、永谷商事が運営する演芸場で、月に数日の協会主体の定席公演を開いている。講談協会であれば、月の中旬にお江戸日本橋亭での夜席、月の後半はお江戸上野広小路亭で昼席を二日間ずつ。日本講談協会はお江戸上野広小路亭と新宿のFu-で、やはり数日間開いている。

更に定期的に開いている代表的な会では、お江戸日本橋亭で若手男性講釈師が中心に出演する「はやぶさ会」に、お江戸両国亭では神田すみれが音頭を取る女性中心の「なでしこ会」。別掲したが一龍斎貞橘により「木馬亭講談会」が三か月に一回程度行われているし、お茶の水の太陽というスペースでもオムニバスの会が開かれている。らくごカフェでは神田愛山プロデュースの「講談カフェ」が月に二回火曜日に開かれ、神保町講談会による独演会形式の会に、花形講談会などが月に複数回開かれている。

また、ベテランの演者による会として、「講談かぶら矢会」(年に数回開催)も見逃せない。レギュラーメンバーの一人、一龍斎貞山は彼岸に渡ったが、宝井琴梅、琴桜、琴星、琴調、琴柳が毎回ネタ出しで、老練の味を高座で見せる貴重な会である。

これまた手前味噌であるが、向じま墨亭では神田春陽の連続講談会や若手講釈師の独演会形式での勉強会。連休を利用しての神田愛山講談会などを行なっている。

定席であれば全体の流れを考えながら、硬軟と長短、そして工夫を交えての講釈が楽しめ、ここで挙げたような会であればたっぷり二席であったり、かつての定席で楽しめたような連続読みを楽しめたりもする。そして初心者であれば、鈴本演芸場や新宿末広亭といった落語色物定席で、落語や色物に挟まれての講談を取っ掛かりの一つにするのもおススメである。わかりやすく、そんなに長くない一席を聴かせてくれるからである。

他にもイケメンや美女を観に行くというのもありだし、自分と年齢の近い講釈師を見つけ、芸人の伸びていく様を、自分の耳が肥えていく様とともに楽しんでいくのもいい。

毎日、どこかで生の講釈を楽しめる時代が来たのは贅沢である。

29　講談を「聴く」ということ

新聞連載が読まれなくなったと言われ、書籍の販売数も激減しているという、いわゆる活字離れが進んでいる昨今、講談の本が出たとしても、それを読む人がどれだけいるのかはわからない（マッチポンプ的な発言だが）。

ＣＤにしても然りで、戦前戦中には多くのＳＰ盤をはじめ、近年においてもレコードが発売されたが、レコード店やＣＤショップの減少に加え、最近のダウンロード文化からしても、ＣＤで講談を楽しむという機会も減ってきている。

２０２１年に通販業界の大手ユーキャンから、ＣＤ12巻という「講談大全集」が発売され、昭和に活躍した二代目神田山陽や七代目一龍斎貞山、人間国宝に認定された六代目一龍斎貞水に三代目神田松鯉。六代目神田伯山の名演を集めたが、内容もボリュームも充分ではあるが、三万円以上の商品となると、そう気軽には……という人も多いかも知れない。

他にも、コロムビアからは六代目宝井馬琴や二代目旭堂南陵の高座を収めた「決定盤 講談名演集」が。また神田伯山も松之丞時代の高座を「最後の松之丞」(ユニバーサル)をはじめ、幾枚かリリースしている。

となれば、やはりネット配信になるが、ダウンロード販売に目を向ければ、過去の名人に加えて、現在活躍中の講釈師まで聴けるのは勿論、コロナ禍にあって配信される講談の数も増えてきた。システムの問題やそれらを維持する問題もあるのだろうが、それらがアーカイブされていけば、音に残る講談のテキストとして価値の高いものになるはずである。ただし、音質や内容の見極めが難しく、結局は聴いてみなければわからないという実情もある。

その中でも特出すべきなのが「伯山ティービー」で、神田愛山や神田春陽とともに車読みをした『天保水滸伝』や、山陽一門を問わず、一龍斎貞山や宝井琴調の高座。更に伯山襲名時の高座映像や、独演会で読んだ『畔倉重四郎』を無料で楽しむことができる。作りはシンプルながら、音質に加えて画質も良いだけにお得感満載である。

YouTubeにも講談の高座は多々上がっており、気軽に聴けるものや、音質さえ気にしなければ、かなり貴重な音もアップロードされているが、著作権に抵触するものもあるので、堂々とおススメできないのが問題である。

そうするとやはりソフトになってしまうのか。一龍斎貞水や宝井琴梅、神田紅、神田伯山、宝井琴鶴はＤＶＤを出している。

貞水のものは鬼籍に入る直前まで開いていた湯島天神での連続講談の会を収録した私家版のものであるが、今後、あの映像はどうなっていくのか。琴梅のものは「辻講釈」を収めたものが一般発売されており、伯山は別項でも挙げた松之丞時代のもの。そして琴鶴は真打昇進披露興行の模様を収録した作品が出されている。これらはいわゆるメジャーレーベルではないが、ＨＰなどでも比較的容易に入手することができる。

ここにきて、講談そのものではないが、講談の魅力を感じられる映像が配信されるようになった。講談協会の公式チャンネルでは、２０２１年に新会長に就任した宝井琴梅や新副会長の神田すみれの挨拶。宝井琴星や田辺一邑に、若手でも宝井梅湯や田辺いちかの素顔に迫った講釈師の高座ではない喋りの姿を楽しむことができる。

30　これは聴きたい！　講談らしいネタ

「講談にはどんな話があるんですか」という質問を投げ掛けられることが少なくない。

そういう時には、簡単にではあるが、〝武士が活躍する「武芸物」に、大盗賊から巾着切りまでが暗躍する「白浪物」、庶民の日常の姿や怪談といった、世間一般を舞台にし、そこで起こる事件や出来事を描いた「世話物」があります〟と応えるのだが、勿論、それだけには収まらない。

一龍斎貞鳳は、その著『講談師ただいま24人』で、講談の種類を、「①軍談、②御記録物（お家騒動）、③世話物」の三種に大別し、のちに講談社が刊行した「定本講談全集」でも、その分け方を採用している（編集委員に貞鳳が参加していることも要因か）。

講談の起こりである「軍談」と「御記録物」をまず分け、明治以降に拡がりを見せて行った、いわばそれ以外の話とも言える「世話物」とを分けたのはなるほどを思わせられるが、大袈裟に言えば、日々話が増えていく現在、それらは更に細分化できるだろう。

全作品を枠型に当てはめるのは困難であるが、その代表作を挙げながら、ジャンルで分けてみる。

◎軍談物…合戦の話
『大坂軍記』『鎌倉三代記』『川中島合戦』『源平盛衰記』『関ケ原軍記』『太閤記』
『太平記』『長篠軍記』『難波戦記』『三方ヶ原軍記』

◎御家騒動（御記録物）…将軍家や大名家に伝わる記録や伝記
『赤穂義士伝』『黒田騒動』『慶安太平記』『仙石騒動』『伊達評定』『鍋島怪猫伝』『柳沢騒動』

◎武芸物…剣豪を扱った話
『荒木又右衛門』『寛永御前試合』『寛永三馬術』『黒田武士』『笹野名槍伝』『三家三勇士』
『塚原卜伝』『宮本武蔵』『柳生旅日記』『和田平助』

◎白浪物…盗賊や泥棒が登場する話
『石川五右衛門』『雲霧五人男』『小猿七之助』『青龍刀権次』『ねずみ小僧』『文化白浪』
『藪原検校』

◎侠客伝…やくざが活躍する話
『大阪五人男』『国定忠治』『芝居の喧嘩』『清水次郎長伝』『違袖の音吉』『野狐三次』

『花川戸助六』『幡随院長兵衛』『夕立勘五郎』『祐天吉松』

◎政談物（お裁き物）

『畔倉重四郎』『大岡越前（大岡裁き）』『大島屋騒動』『音羽丹七』『煙草屋喜八』
『徳川天一坊』『万両婿』『水戸黄門』『村井長庵』

◎力士伝

『寛政力士伝』

◎役者伝

『淀五郎』『中村仲蔵』

◎名人伝・出世伝

『左甚五郎』『紀伊国屋文左衛門』『鼓ケ滝』『奉行と検行』

◎信仰記

『一休禅師』『日蓮記』『祐天上人』

◎世話物（怪談含）

『朝顔日記』『安政三組盃』『一心太助』『塩原多助』『天保六花撰』『吉原百人斬』『小幡小平次』『怪談牡丹燈籠』『小夜衣草紙』『真景累ケ淵』『番町皿屋敷』『四谷怪談』

と記してはみたものの、白浪物と政談物、お裁き物と怪談など、話の内容によっては、はっきりと区分けすることのできない（しにくい）話もある。更にここに、新作物（明治期の探偵小説当等）や改作物も含まれてくるだけに、全てを右で設けたジャンルの中に収めることはできない。

神田伯山がよくインタビュー等で、講談には5000以上の演目があると応えているのも、満更間違いではなく、細かく見ていけば、それ以上の数になってもおかしくない。

それだけの数にのぼる講談をジャンルに分ける方が無理な話ともなりかねず、ここで紹介したジャンルは、あくまでもこれまで講談関連本で示されることが多かったものを、最大公約数的に便宜的に挙げたに過ぎない。かえってジャンルで区切ってしまうことで、聴き手からすると、苦手であったり、好まないテーマに見えてきてしまうなど、先入観を植え付けられかねないのを心配もしている（紹介しておいて何ではあるが……）。

広く深いのが講談の世界。まずは興味のある演者を聴いていってから、興味を持てる演目を見つけるのがいいいかも知れない。

31　連続物の楽しみ

講釈の醍醐味の一つに連続物を聴く楽しみがあると再三記しているが、定席としての釈場が無くなった今、テレビドラマを観るように続き物を聴ける場所はそう多くない。

確かに連続物の会が開かれてはいるが、やはりスパンは一カ月単位等となり、そのスパンが開いてしまうと、続き物を聴く楽しみを支える一種の緊張感が失われてしまう。とは言え、長い連続物を工夫して楽しむことのできるいい企画は多々ある。

また、以前とは異なり、娯楽が増えたということも、連続物の価値が見失われている原因と言えよう。ネットはおろか、テレビやラジオもなかった時代には、話芸としての講談の人気は高かった。暮らしている町ごとに釈場があれば、毎日のように気軽に釈場に通え、連続物を楽しめただろう。そこには今日の続きはどうなるんだ！という、明日に続くドキドキ感や期待といったものがあったはずだ。となれば、伝統芸へ興味を持つ人が減ってきている理由は、時の流れが原因にあるのではなく、以前と比べて生活レベルでの時間の流れが速くなったために、心の余裕が必要な芸が好まれなくなってきたとも言えるだろう。作品をゆっくり味わって楽しむというより、「5分で知る名作」等といった企画が受け入れられやすい時代となったのも一つの証拠だ。

だが、講談は落語とは異なり、壮大な事件を登場人物の因果関係を交えながら描いていくものが多いので、ストーリーが長く、時に人物関係や舞台設定が複雑にもなる。そうした展開をいかに聴かせるかが講談師の腕の見せどころであり、物語自体の楽しさとともに、それを感じることがまた連続物を聴く楽しさにつながる。

例えば、神田伯山や神田阿久鯉が読む『慶安太平記』『畔倉重四郎』や、宝井梅湯が読む『宋朝水滸伝』や『藪原検校』であれば、伯山や阿久鯉のテンポと歯切れのよい口調を楽しみながら、また梅湯が朴訥かつ滔々と読み進めていく中で、主人公がどのような環境に置かれ、やがて性格変わりし、悪人や豪傑へと姿を変貌させていくのか。一龍斎貞寿が読む『お富与三郎』では、その光陰を描くのが得意な読み口で、二人の馴れ初めにはじまり、仲を引き裂かれるも再会をし、そこに新たな運命が待ち構える展開を。神田菫花の『西遊記』では、いつ終わるかわからない玄奘三蔵と孫悟空たちの苦難が待ち受ける珍道中を、菫花独特の滑稽な読み口でどう描いていくのか等々。一席物でなく、連続物であるからの味わいがそれぞれにあり、時間が来たところでその日の物語は一旦終わってしまうが、さて次はどんな物語が待ち構えているのかというワクワク感こそが、次回に期待を持たせる訳で、延いてはどこで読み手が切れ場を設けるのかといったこともまた連続物の楽しみにつながる。

一時期、連続物を楽しめる機会が減っていたが、最近になって、若手を中心として連続物を演じる会が増えてきた。それもまた、講談ムーブメントを支える要因であろう。

大ベテランの一龍斎貞花が主催する「二ツ目連続読みの会・飛翔の会」では、『野晒勘三郎』『新吉原百人斬』などが楽しめ、田辺一邑が主宰する「連続講談勉強会」では、『関東七人男』『山崎合戦』、『仙石騒動』、『山中鹿之助』などが読まれている。それぞれの演者が個々に台本を作り直しながら、一つの物語を紡ぎ出していく様はたくましく、いずれはそこで持ちネタにした演目は、他の様々な場所で新たな花を開き、それがまた影響し、新たな作品が復権してくるだろう。

先に挙げた演目の他にも、伯山は自著で『寛永宮本武蔵伝』『慶安太平記』『村井長庵』『天保水滸伝』『畔倉重四郎』『天明白浪伝』『徳川天一坊』など長篇7編を持ちネタとするも、その他にも講談の人気演目である「義士伝」を読んでいる。

大阪には『太閤記』に『難波戦記』がある。『太閤記』はよく言われるように、かつては太閤記読み専門の講釈師がいたとされ、元日に生まれた（一説では）太閤秀吉の人生を、大晦日に彼岸へ渡るその日まで一年かけて読み続け、また次の年の元日を迎えると、太閤秀吉の人生を最初から読み直していたというように、連続物の壮大さがまた聴き手を引き付けてきた。

そこには演者が繰り返して同じ演目を読むことは、決して高座で楽をしているという訳ではなく（そういう要素も多少あるのかも知れないが……）、秀吉の魅力ある人生に、自分もまた年を重ねていく演者が、自らの芸の厚みを芸の上で見せていける魅力を重ね合わせられる点。そしてそこにはゴールのない芸の深さとの戦いがあるようにも感じさせる。

今、墨亭で神田春陽が全20話の『徳川天一坊』を読んでいる。いや、読み続けている。墨亭開亭の初日から読み進め、延べ三年かけて読み終えたので、次は何に取り組むのかと思っていたら、還暦を迎えるまでの10年間、そして生涯にあと何回『天一坊』を読めるかに挑戦していくと宣言した。そこには連続物を読める機会が少ないことや、連続物でなければ読めない場面があること。また、折角覚えた話を風化させるのは……という点もあるのかも知れないが、講談そのものに対する演者としての思いがそこには感じられ、芸人としていよいよ脂がのってくる時期に、神田春陽版『徳川天一坊』がどう変わっていくのかを見続けることができることには、聴き手としても注目しなければならない。その覚悟を耳にした神田愛山も「春陽はそれでいいんです」とエールを送ってみせただけに余計にだ。

そうした演者による思いや工夫に、企画がまた近年の連続物の魅力を増している。

先に挙げた一龍斎貞寿の『お富与三郎』では、これまで読まれていなかった場面を加えて読み進めるばかりでなく、そのダイジェスト版をYouTubeで流している。高座で聴き逃した場があっても、アーカイブで筋を確認できるのがありがたい。

そして、宝井梅湯はこれまた壮大過ぎる『宋朝水滸伝』を読んでいる。いわゆる中国を舞台にした『水滸伝』だが、全50編あるとのことで、五年計画で挑んでいる。六代目神田伯龍が一時期読んでいたことがあるが、テキストに補綴をしつつ、自分流の『水滸伝』を作っていけば、まだまだ物語は広がるはずで、更に時間をかけることになり続けていくことになるかも知れない。梅湯の場合は演じる場所を複数設けて、その開催時期をずらすなどして読み進める形を取っているので、タイミングさえ合えばどこかで聴けるだけに、生での聞き逃しが少なくなるのが嬉しい。

神田春陽が読む『徳川天一坊』とともに、手前味噌にはなるが、神田愛山は連休になると、墨亭で連続物の楽しさを伝えてくれている。２０２１年8月のお盆興行では「清水次郎長外伝・荒神山」を5日間に渡って聴かせてくれた。釈場で修業を積んだベテラン講釈師の連続物の素晴らしさを実感。結城昌治の原作物も含めて、今後も連続で色々な演目を聴かせてくれる予定である。

他にも神田織音が『柳生旅日記』や『塩原多助』、神田紅純は『煙草屋喜八』をと、今、講談には連続物があふれている。そんな講談の醍醐味に浸かってみてはいかがだろうか。

32 やっぱり聴きたい「赤穂義士伝」

〈冬は義士 夏はお化けで飯を食い〉
よく講釈師がマクラで詠む句は二代目神田山陽の作とされるが、怪談で涼を求めるというより、怪談を聴くことが夏の風物詩になったという感が強くなり、また、冬という季節に縛られることなく、義士伝の中に流れる武士の心を普遍的なものとして共感を覚える人が増えてきている昨今、

〈夏も義士 冬もお化けで飯を食い〉としてもいいのではないだろうか。

講談の一ジャンルとして、怪談は季節を問うこともなく、また「義士伝」も四季を問わず、講談ファンにとって、延いては日本人が大好きな物語だけに、それを強く思うのだ。

「赤穂浪士」でも、「忠臣蔵」でもなく、講釈の世界では「義士伝」。亡君の無念を晴らすために、今風に言えば、人生の断捨離を図りながら未練をも絶ち切っていく。

立川談志が絶ち切れないのが未練であるとしたならば、それはやはり、談志が提唱した落語の世界が「業の肯定」の上に成り立つ前提であり、落語の登場人物は未練に固執し続ける。一方で、ダンディズムや美学を大切にすることの多い講釈では、己の目的のためには未練をも絶ち切っていく。絶ち切れないものを絶ち切るだけに、当然のことながらそこには未練が見られる。そうした姿に人間らしさが表われ、それでも絶ち切らざるを得ない人生への未練と決別した行動を取る時に、作品の情感が表われてくる。

神田愛山は「義士伝」を「別れ」の物語だと言う。

確かに「義士伝」には別れの物語が多い。その展開からすると、「別れ」は「分かれ」でもあり、また「わかれ(わかってくれ)」の意味を含んでいるような気がしてならない。

愛する人、大切な人、親子や兄弟との「別れ」もあれば、親しくあっても敵と味方に「分かれ」ざるを得ない関係もある。更に味方同士であっても討ち入りへの参加や不参加に「分かれ」る。そして12月14日の決行について、心の内にある思いや考えを口にすることはできないが、我が心の内を分かって欲しいの「わかれ」という意味が表われてくると思うのだ。だからこそ「義士伝」の「別れ」はつらく悲しい。

忠臣を誓い、心に大願を秘め、身をやつす姿がいじらしくさえ思え、吉良はあくまでも仇《かたき》であり、二年近く耐えて過ごしてきた四十七士それぞれの思いを叶えてあげたいという日本人の判官贔屓。既にその結末を聴き手の多くは知っているだけに、その思いは強くなり、数多くのストーリーがドラマティックなものとして映えてくる。そのやり取りの中に講談の持つダンディズムが浮かび上がり、講釈師は自らの感情をコントロールしながら、個々の世界に迫っていくという読みの魅力がある。

落語や歌舞伎は四十七士個人にスポットを当てるのではなく、忠臣蔵という物語の筋の楽しさに迫る感がある一方で、講談は個の情と言動を浮かび上がらせていく。それが「義士伝」に惹かれる理由の一つではないだろうか。

そうした点から、個人的に「義士伝」で好きなのは、『大高源吾』『赤垣源蔵徳利の別れ』、そして『南部坂雪の別れ』だ。有名な場ばかりではあるが、何度聴いても深く感動し、涙してしまう。

『大高源吾』は俳人水間沾徳の門にあり、俳諧でも名を売った義士。講談で扱うのは12月13日に両国橋で、松尾芭蕉の門人宝井其角と邂逅する場面である。江戸市中は煤払いの日で、源吾は吉良邸の様子を探るために、大掃除に使う煤竹売りに身をやつしている。橋上で声を掛けた其角が、〈年の瀬や水の流れと人の身は〉と前句を詠むと、源吾は〈あした待たるるその宝船〉と付け句をする。

ところが其角はその意図するところが分からなかった。

演者によっては、その時の源吾に強い決意を表わすように演じ、その後、其角が句の意味を悟った時に見せる「ハッ」とする様子に「わかれ」を描き出し、更に、討ち入り直前に、其角が源吾に〈我がものと思えば軽いし笠の雪〉とはなむけの句を送ると、源吾は〈日の恩や忽ちくだく厚氷〉。更に〈月雪の中や命の捨てどころ〉と詠むと、それに対して源吾は喜びを見せるも、「千万年のご寿命の後、冥府において」と返句をせずに、気持ちを大願へ向け直して吉良邸へ颯爽と駈けていく。そんなまさに討ち入りにかける思いと、生きてきたことへの感謝が見える様で、いつも涙してしまう。そ
今、演じられる高座としては、冒頭で「笹や笹々 笹や笹 笹はいらぬか煤竹を 大高源吾は橋の上明日待たるる宝船」と、江戸の俗曲『笹や節』を披露し、二人の関係を示しながら本題へ入っていく神田紅の高座が印象に強い。

『赤垣源蔵徳利の別れ』は討ち入り前夜に兄の家を訪ね、留守の間に兄の羽織を前に過ぎし日を思い出しながら盃を重ねていく場面。こればかりは酒飲みの心理を表わして欲しいと思っている。酒は必要以上に思い出をよみがえらせ、飲む人を情の世界に引きずり込む。飲み相手がいなければ酒の相手は自分の心。だからこそ情感はいつも以上に増してくる。

日頃、源蔵を疎んじる兄の妻や下女は、またいつもの酒飲みが……という思いを抱くばかりで、源蔵を疎んじ、その心の変化に気付かないが、血を分けた兄弟である兄は、話に聞いた源蔵の様子から胸の内を知り、二人を叱り飛ばす。その叱咤は弟との別れの盃をかわせなかったことに対する

無念の表われでもあったはずだ。

敬愛する兄との「別れ」の一席であるが、大好きな酒も今宵限りと、思い出を肴に味わって飲む、酒との別れなどと書いたら大袈裟か。とは言え、この話ばかりは酒の味を知る男性講釈師の高座で聴きたい。

いよいよ討ち入りを控え、大石内蔵助は主君浅野内匠頭の妻瑤泉院にその旨を伝えるために屋敷を訪ねる。ところが、そばに間者がいることに気付き、他藩に仕えることになったと嘘を告げる。瑤泉院もまた大石の心の中を知らずに、大石に心ない言葉を投げつける。『南部坂雪の別れ』は、まさに「別れ」と「分かれ」であり、そして「わかれ」の物語だ。

我が夫の無念を晴らしてくれることを願っている瑤泉院が、その意に反した言葉を大石が口にした時に見せる怒りの様子。「そうじゃないんだ、わかってくれ」と言いたくも、それを口外ばかりか、表情にも出せない大石が胸の内にしまう自らの意志を固くする時に見せる姿。瑤泉院の凛とした姿が映える女性講釈師による一席もいいし、最後の最後まで何も言えずにいる男の心を描く男性講釈師の聴き比べも楽しい。

雪が降り積もる日、今でいう赤坂と六本木の境にあるやや急な坂道を大石がどんな気持ちで歩を進めていったのか。そして、瑤泉院の元を去り、自分の気持ちをどう整理して目的に向かって進んだのか。大石にとってはいよいよという思いもあるはずで、これまた忠臣蔵の名場面の一つである。

「義士伝」には他にも、『二度目の清書』『神崎の詫び証文』『天野屋利兵衛』等々あり、年末になれば特集が組まれたり、神田松鯉は末広亭の興行のトリで連続口演をすることもある。「義士伝」は日本人の心ともいうだけに自分の好きな場を見つけるのもいい。

33 新作講談の楽しさ

講談は日々起こる事件の真相や世情の心理に迫る性格をあわせ持っているだけに、古今東西の全てが題材となり、常に新作が生み出されていく芸と言える。

また、演者の語りが話の魅力を引き出すので、勿論、お家芸として固守していくべき演目もあるが、演者によって同じ話でも斬り込み方が異なったりと、古典が古典然としていることなく、新しく読み直されることも多い、新作要素の強い芸とも言える。

だからこそ、その題材は何もその時々に起こっている事件や注目されている流行り物だけにとどまることなく、これまで扱われてこなかった人物や歴史的事件も含まれてくる。前者であれば、神田愛山による『島田虎之助』をはじめとした幕末の志士伝、後者であれば田辺一鶴が名を売った『東京オリンピック』や神田照山『東京裁判』などがそうであり、そうした注目すべき作品を挙げ出したら枚挙にいとまがない。

ここに一点、あえて付け加えるならば、講談師たるもの、自分でこれを読んでみたいという出来事や作品を見つけてきて、それを語りの芸として表現するといった気概もまた必要なのではないだろうか。講談は自分の思いを読み出だすことのできる芸であるからだ。

現役で積極的に新作講談に取り組んでいる講談師を挙げると、別項でも紹介した宝井琴桜は、『与謝野晶子』や『瓜生岩子』、『民権ばあさん』といった近代の門戸を開こうとした女性を扱った新作を、女性視線からとらえた作品として読んでいる。まさに男性中心の講談史にあって、女性の講談の道を切り拓いた講談師の講談である。

神田紅は世界にも目を向け、『マリリン・モンロー』をはじめ、2020年には『アフガンの医師中村哲物語』を読み、現代に名を残す人が持つエネルギーを講談の上に表わしている。また、芝居講談と題して、『滝の白糸』や『紅恋源氏物語』、音楽と踊りを取り入れての『ヒップホップ・で・お富さん』や『同・鉢の木』といったエンターテインメント要素の強い講談を見せてきた。またその弟子神田真紅は歴女ぶりを発揮して、大好きな新選組の人物伝をはじめとした歴史上の人物に新しい光を当てている。

二代目山陽一門を離れた神田香織が取り組む『はだしのゲン』に『チェルノブイリの祈り』といった反戦物は、講談としても意味の強い読み物であり、個人的には『ビリー・ホリディ伝』といった苦悩に満ちた一女性の姿とその魅力に迫った読み物として意義ある作品と感じている。

神田茜の滑稽味あふれる私小説風の講談の面白さと、神田織音の古典枠で収まり切れないテーマの話を読む時に新作を作り出す姿勢は別項の通りで、宝井梅福は白瀬矗が率いた日本初の南極探検隊の活躍を読んだ『南極第一次観測隊物語』の他、鹿児島の知覧で特攻隊を見守った島濱トメを描いた『ホタル帰る』を自らに与えられた使命のように読んでいる。

二ツ目の神田桜子のアニメに題材を求める講談は新しいファン層を獲得しつつあり、古代ローマ史物もまた、推しメン視線を持っていたりと、最近では所属する落語芸術協会での若手中心のユニットにも参加しているので、落語家との交流を通して起こるべき化学反応にも注目している。

男性講談師であれば、やはり宝井琴星が筆頭に挙げられよう。世にあるものから身近にあるものまで何でも新作講談にしてしまうという風で、常に新しい話を聞かせてくれる。後輩のために、また地域の会のためにと新作を作り続け、ここ数年でも『干瓢大名』『阿波踊りの由来』等々を聴いてきたし、着物を着て釈台を前に張り扇を叩きながら、「おお、ロミオー」と叫ぶ、『ロミオとジュリエット』もまた面白かった。次に高座に接する時にはどんな話を聞かせてくれるのかという期待度が常に高い。

同じ宝井派であれば、宝井琴調の「新撰組血風録」の『菊一文字』が、虚無感あふれる形での一人の武士の生き方を描き出し、心に余韻をもたらせたが、権利関係もあって読むのがままならないのはもったいない。先代神田伯山が残した『大菩薩峠』も同様であるが、例えば、現伯山が読んだら、また新しい『大菩薩峠』が送り出されるのではと思うこともあり、講談に向くいい作品に、実力ある講談師が挑めないのは、やはり惜しい。

琴調を好敵手とする神田愛山の読む講談では、先に挙げた準古典物と言える武士伝の他、最近は読む機会も減ったが、愛山自身の自責の念にとらわれる心象風景を描く「講談私小説」と題して読まれる『品川陽吉伝』。他にも『就活物語』では現代の大学生の自己存在のあり方に迫り、『小松の嫁入り』では某講釈師の評価と世間の評価の違いに表れる滑稽さを描き出すといったように、講談という芸の幅広さと奥深さを感じさせる講談を読んでいる。

田辺一鶴門下からは、毎月、新作のネタ下ろしに臨む田辺凌鶴がいる。大河ドラマ『いだてん』より早く『金栗四三』を読み、身の回りに起こった出来事としては『かみさんがひったくりに遭いました』。近代史物では私も個人的にも追い掛けたことがある大陸移民物から『満州移民を拒否した村長佐々木忠綱』などを興味深く聴いた。師一鶴の新作を作り続けた生き様もまた凌鶴に受け継がれている。

同じ田辺派では田辺鶴遊が、師一鶴が遺した話ばかりでなく、最近では後藤新平についての話を読み、大先輩の田辺南北には『力道山物語』や『ザ・総武線』なる新作もある。

この他にも多くの講談師が自作を含めた新作を読んでいるし、新人の入門も続いているだけに、今後も様々な講談が再生される一方で、新しい作品も作られていくに違いない。

講談はいつも新しい。新しいからこそ面白い。講談の魅力はここにもある。

34　八代目一龍斎貞山、鬼籍に入る

その日は木馬亭で浪曲を楽しんでいた。お目当ての木村勝千代の『小猿七之助』が終わり、幕が一旦閉まったのと同時に、胸騒ぎがしたのか、スマホに電源を入れると、次々に振動が鳴り響いた。画面に目をやると、複数人から「一龍斎貞山死去」の一報があり、大変に驚いた。前々月の独演会で、かなり具合が悪そうであったと話に聞いていたので、調子はどうなんだろうと思っていた矢先でのニュースであった。

初めて貞山の高座に触れたのは、30年ほど前になるだろうか。十八番とされた義士伝を聴いて、その重厚、かつ、ふと力を抜いてみせる読み口に、きっと昔の講釈師はこうした読みをしたのだろうと思わせられた。

貞山先生と言うと、とかく端正で折り目正しい、そして格調高い読み口と指摘されることが多いが、私にとってはそれ以上に、登場人物の「情動」に比した読みが魅力であった。武士であれば、何故そういう行動を取るのか。それが市井に生きる人であれば、どんな会話が人物の心を動かすのか。その腹を据えた読み口の奥に見えてくる人間の情動を大切にした描写が魅力であった。

勿論、その腹が座った語り口もまた貞山講談の魅力でもあり、戦前の講談界で政治的な辣腕を振るった実力者の六代目貞山や、戦後に活躍した五代目貞丈といった人たちに流れる「貞の字畑」の芸譜を感じることができたのも大きい。

印象に残る高座は「赤穂義士伝」から『神崎の詫び状』や『天野屋利兵衛』、それに『柳生二蓋笠』。江戸に下る神崎与五郎が自分の思いを我慢とともにグッと飲み込んで馬子の言うことに従うも、決して秘めたる思いばかりは失わないでいる様子を、語り口ばかりでなく、その目力や頬に溜める口惜しさで描く姿。拷問にあっても、それは自らに与えられた試練であり、白状してしまえば人としての尊厳を失うと言わんばかりの天野屋利兵衛の苦悶の表情ばかりでなく、その声の震えも交えて描く様子。素性を外には知らせず、今は勘当された身の上ではあっても、やはり親に槍を向けることはできないという様子と、実はそれが我が子であることを知っている父親との心の戦い。そうした細かで、時に揺れ動く心情が人を動かし、その人の動きがまた物語を揺り動かしていく。そうした描写に長けた演者であった。

実父は七代目貞山であるが、弟子入りしたのは養父にあたる六代目神田伯龍のもとであったから、そうした芸を培うことができたのか。伯龍は張り扇や小拍子を使わず、自身の柔らかな読みだけで、独自の世話物を描いた講釈師であった。談志が惚れた五代目伯龍の『小猿七之助』を継承し、白浪物の『天保六花撰』や『祐天吉松』といった読み物も、静かな読み口の中で登場人物の情動を丁寧に描き出していた。貞山の読み口は伯龍のものよりも男性的であったが、伯龍の弟子の芸譜を継いだことは間違いないだろう。

今、講談界はやはり女性講釈師が軸の時代にある。貞山の下にいる一龍斎の男性は、真打の貞橘に、前座の貞司、貞介の三人。貞山にも男の弟子を育ててもらえればと思ってはきたが、実娘である貞鏡が頼もしい。一龍斎のお家芸である武芸物や金襖物、そして義士伝は貞鏡が引き継ぐのか。

最後に聴いた生の高座は3月の「講談かぶら矢会」での『山内一豊』になってしまった。無理に声色を変えることなく、博労を演じれば博労のセリフとして聞こえ、武士を演じれば武士のセリフに聴こえる。更に馬揃えの場面での修羅場も、外に押し出すようにではなく、その一単語一単語を大切に読んでいた。当たり前のことではあるが、その当たり前のことができる講釈師も少なくなってきた。

八代目一龍斎貞山。陳腐な表現ではあるが、貴重な講釈師が彼岸へと渡ってしまった。

おわりに

講談は、今、確かに面白い。

ところが、まだまだその拡がりを感じられないのと、それを支える書や論が少なすぎるのではと、思い切って筆を取ってみた。

結果として、東京の講談界がメインとなり、その分、上方の情報は少なくなってしまったこと。思い入れのある講釈師にページを割きがちになってしまったのも事実で、それだけにハレーションがあるだろうことは覚悟している。とにかく、講談がもっともっと話題に上り、この著がその時の俎上に並ぶ材料になればいいと思っている。

タイトルにもあるように、講談の最前線から見えるあれこれを並べてみた。タイムリーな話題をはじめ、歴史を見つめ直した出来事。例えば、講談界の分裂やポルノ講談騒動などは、ここまで形として表した書はなかったはずだ。「はじめに」でも記したが、どこかで何かの形で書き残したいという思いから、現代との接点を探りながら迫ってみた。

ある種の問題提起や今後の希望といったものも示してみたが、そうこうしている内に、神田伯山が弟子を取ったというニュースがギリギリで飛び込んできた。本名から取って「神田梅之丞」。当代きっての売れっ子の師匠が取った弟子だけに注目をしない訳には行かない。他の門でも入門志願者がいると聞いているし、講談の楽しみがまた一つ増えた。

また、上方では旭堂小南陵が自前の寄席「此花千鳥亭」で、2022年に「365日千鳥亭」を銘打ち、毎日、講談の会を行っていくというニュースも入ってきた。言わば、上方講談の定席を設けたということもでき、まだ上方の講釈師が全員参戦という訳ではないようだが、その歴史的意義は大きい。こういう動きがあると、東西の講談界の刺激となり、また新たな動きを誘発することもあるので、その動向を注視するのとともに、聴き手として支えていかねばならない。

東京にある二つの協会が共催で、「泉岳寺講談会」なる会を始めたのは本章でも記した通りだが、講談協会では新会長宝井琴梅を中心に、YouTubeを活かしたホームページの改革に、協会主催の講談土曜特選会に若手の意見を取り入れ始めた。定席にしても、以前はツ離れすることも少なくなかったのに、今は大入りが続くこともある。日本講談協会の定席では入場整理券が配られる位だ。

講談界には、今、新たな風が吹いている。

新しい風を感じるのは、講談界が動いている証拠でもある。2022年、更に講談界は動いていくことが期待できるし、できれば当著もそれに準じて改訂していければいいのだが……。

今回もまた彩流社の河野和憲社長には無理を聞いていただいた。企画と校正については瀧口理恵のアドバイスも大きい。そして、演芸場や墨亭で交わすみなさんとの会話の中にも、講談や演芸の楽しさがたっぷりと詰まっていて、毎回が勉強になることばかりで感謝している。

改めて読み返してみると、書き落としたと思うこともあり、まだまだ書かなければならないこともあるが、それはまたの機会に譲るとして、当著をお読みいただいた方には、ぜひ自分の眼で新しい講談の姿を確かめてもらいたい。その時、この著がその指針になれば嬉しいし、講談の会場で感じたことや思ったことをお話しさせていただければまたありがたい。

講談に出会えて良かったと、今、改めて思っている。

瀧口雅仁

二〇二一年十二月吉日

【著者】
瀧口雅仁
…たきぐち・まさひと…

1971年東京都出身。演芸評論家。「墨亭」主宰。恵泉女学園大学、和光大学、早稲田大学エクステンションセンター講師。現在は朝日新聞で演芸情報、しんぶん赤旗で演劇評や書評を担当。ポニーキャニオンや日本コロムビアで落語や演芸に関するCDやDVDの監修を務める。2019年5月、墨田区東向島の化粧品店だった旧町屋を改築し、寄席「墨亭」としてオープン。著書に『噺家根問—雷門小福と桂小文吾』(彩流社)『平成落語論12人の笑える男』(講談社現代新書)『落語の達人—この噺家を忘れてはいけない！』(彩流社)『古典・新作落語事典』(丸善出版)『演説歌とフォークソング』(彩流社)等がある。

Sairyusha

講談最前線《こうだんさいぜんせん》

二〇二一年十二月三十日　初版第一刷

著者——瀧口雅仁
発行者——河野和憲
発行所——株式会社 彩流社
〒101-0051
東京都千代田区神田神保町3-10
電話：03-3234-5931
ファックス：03-3234-5932
E-mail：sairyusha@sairyusha.co.jp

印刷——明和印刷(株)
製本——(株)村上製本所
装丁——中山銀士+金子暁仁

ISBN978-4-7791-2795-3 C0076
http://www.sairyusha.co.jp

フィギュール彩

〔既刊〕

㉒大阪「映画」事始め

武部好伸◉著
定価（本体1800円＋税）

新事実！大阪は映画興行の発祥地のみならず「上映」の発祥地でもある可能性が高い。エジソン社製ヴァイタスコープの試写が難波の鉄工所で1896年12月に行われていたのだった。

㉑百萬両の女　喜代三

小野公宇一◉著
定価（本体1800円＋税）

「稀代の映画バカ小野さんがついに一冊かけてその愛を成就させました！」（吉田大八監督）。邦画史上の大傑作『丹下左膳餘話・百萬両の壺』に出演した芸者・喜代三の決定版評伝。

⑯監督ばか

内藤誠◉著
定価（本体1800円＋税）

「不良性感度」が特に濃厚な東映プログラムピクチャー等のB級映画は「時代」を大いに反映した。カルト映画『番格ロック』から最新作『酒中日記』まで内藤監督の活動を一冊に凝縮。